本书创作委员会

主　任：
　　李　勇（中国市场学会短视频与数字营销专业委员会主任）

执行主任：
　　李勇坚（中国社会科学院财经战略研究院研究员、
　　　　　中国市场学会副会长）

副 主 任：
　　许　栋（中国市场学会短视频与数字营销专业委员会秘书长）
　　李健欣（广东金融学院副教授）

策　划（按姓氏拼音字母排序）：
　　蔡跃洲（中国社会科学院数量经济与技术经济研究所数字
　　　　　经济研究室主任）
　　陈　迎（广州时趣总经理）
　　郝建斌（阿里研究院产业研究秘书长、资深专家）
　　李　琳（无忧传媒总裁）
　　李鸣涛（中国国际电子商务中心研究院院长）
　　李文秀（广东金融学院教授）
　　刘灿国（中国经济传媒协会副会长）
　　刘　琼（米洛星集团董事长、KK直播创始人）
　　刘延坤（忆库数字传媒副总经理）

刘　怡（易观国际总经理）
马　琳（中国经济传媒协会新媒体分会秘书长）
莫志枫（广州市城市文化科技有限责任公司董事长、
　　　　广东省电商投融资协会常务副会长）
欧阳日辉（中央财经大学互联网经济研究院副院长）
彭　超（今日网红创始人）
王　亮（忆库数字传媒副总经理）
尹兴良（新片场创始人、总经理）
余敬中（快手副总裁）
张　羽（字节跳动副总裁）
郑　敏（亿邦动力董事长）
周长江（融创臻选副总经理）

推荐语

2016年4月,我做了一档直播节目,叫《洪哥梦游记》。当时我带着团队从湖北宜昌出发,一路途经十几个城市,有时走进学校演讲,有时游览古迹并讲解历史故事,一直向西,到达四川雅安的新东方希望小学。这是一档为期10天的全天候直播节目。巧合的是,后来人们称2016年为"中国网络直播元年"。2020年突如其来的疫情打乱了所有人的节奏,在全球忙于防疫抗疫、经济不景气的背景下,直播电商却逆势增长,成为商业创新的新亮点。不论是有志进入这个产业,作为供应商、主播、营销人员成为直播过程中的重要参与者,还是仅仅作为一个观看和使用直播的用户,在如今的大时代下,具备一定的直播逻辑,都是互联网居民应有的素养。

——俞敏洪(新东方创始人)

从电视直播专家转身成为移动互联网领域的探索者和研究者,李勇先生深谙媒体运营之道。他和互联网营销专家李勇坚先生领衔创作的《直播的逻辑》和《成为主播》既有极高的理论价值,又提供了具体的实战模型和工具;既是行业从业者的宝典,也是促进行业健康发展的教科书。

——邓庆旭(新浪财经CEO)

序　言

穿透直播电商的底层逻辑

互联网界的"思想游侠"凯文·凯利在其《必然》(*The Inevitable*)一书中提出,"屏读"(screening)是未来世界里的一个必然趋势,一切都将屏幕化。从通讯界面到阅读界面,甚至到着装穿戴,都将是一种屏幕。而屏幕也将成为人类知识搜寻、信息交换等最重要的载体。对企业而言,只有适应这一趋势,将商品信息从线下转移到线上,将商品数据化,才能提高沟通效率。其价值逻辑就是商品数据在网络上传输、呈现的成本远低于商品实物流通、呈现的成本这一事实。这一逻辑在商业上就体现为传统的图文电商。

即使图文电商只是将商品转化为冷冰冰的图文数据,也推动了商业文明向一个全新的高度进发。因为网络实现了商品数据的跨时空传输,从而实现了买家、卖家、商品和信息之间的分离,进而实现了丰富多样的商业模式。而直播电商的兴起,将商品数据化和人际交流、社交互动、娱乐元素等融合起来,使电商交易过程由平面内容向立体内容转化、从单向信息传递向多向信息沟通转化、从"人找货"向"货找人"转化、从平台流量向私域流量转化,从而构建了全新的消费场景。这对电子商务本身具有推动作用,不仅使电子商务的内涵和运营更加丰富多彩,也带来了很多新的增长机会。

直播电商源于网络直播,其历史并不长。2016年,网络直播进入爆发期,当年直播平台超过300家,用户超2亿人。截至2021年6月,我国网络直播用户数达到6.38亿,在全体网民中的渗透率达到63.1%。网络直播成为增长最快的互联网应用领域之一。其中,直播电商用户3.84亿,在网民中的渗透率达到38%,是所有直播业态中增长最快的。直播也正在占据用户越来越多的时间。据统计,从2019年12月至2020年6月,网络直播使用时间的占比从4.5%上升到6.3%。快速增长的用户数量和使用时间,促使与直播相关的商业模式持续不断地创新。在万物皆可播的时代,直播电商成为电商爆发式增长点。

直播电商作为电商领域的一种新兴业态,在电商总体增长速度放缓、流量成本日益增加的背景下,以其集中的营销流量、低廉的营销成本、快捷的营销覆盖、丰富的内容传递、直接的销售效果、有效的营销反馈异军突起,自出现以来就保持着高速增长。根据网经社提供的数据,2017—2020年直播电商销售额分别为196.4亿元、1 354.1亿元、4 437.5亿元、12 850亿元,预计2021年将达到23 500亿元。可以预见,随着5G时代的到来,直播电商仍将保持高速增长,"现象级"风口的风势将更加强劲。直播电商也受到了地方政府部门的高度重视,据不完全统计,全国各地政府已支持规划了40多个直播电商基地。随着这些基地的出现,对直播人才的需求更是一浪高过一浪。

2020年5月,人社部将"互联网营销师"列入新增职业名单,这既是对直播电商行业发展的肯定,也对直播人才的培养和准入提出了更高的要求。据估计,直播电商行业内仅主播的从业人数就已经达到数以百万计,行业迅速从单纯的流量红利挖掘过渡到对整个生态体系的红利挖掘,尤其是通过精细化运营与供应链渗透实现新的增量，行业对直播专业人才的需求越来越旺盛。由此，有关直播电商运营的书籍和各类培训项目也越来越多。这些已经面市的书籍和培训项目，主要是基于泛娱乐直播方面的经验，关注短期的流量效应、事件营销、直播间话术等操作层面的内容。对直播电商的基本理论逻辑、直播的营销原理、直播背后的选品过程、直播行业的监管和法律要求等问题缺乏深度研究与阐释，难以达到提升主播等从业者综合素质的目的。

要理解为什么直播电商会爆红，需要透过现象看本质。中国市场学会短视频与数字营销专业委员会立足产业研究，汇集专业力量，研发高标准、高质量的直播电商教材和人才培养方案，在深入阿里（淘宝直播）、快手、字节跳动（抖音）、京东等企业进行实地调研的基础上，组织专家学者创作了《直播的逻辑》《成为主播》两本书。这两本书从直播电商的本质入手，透过直播电商热闹的表象，研究直播电商背后的经济学、营销学、管理学、心理学原理，提出了"商品数据化2.0""人带货与货带人"全面融合等全新的理论框架，力图穿透直播电商的底层逻辑，为行业研究者、从业者、立志从事直播电商的人员、政府主管部门人员等提供参考，以此助力中国直播电商行业良性发展。

是为序。

李勇坚

三、爆款背后的价值传递 /146

第五章　直播电商的传播学逻辑 /155

　　一、寻找卖点 /156

　　二、提炼卖点 /163

　　三、卖点与内容挖掘 /175

　　四、卖点与人设 /181

　　五、卖点与共情 /200

第六章　直播电商的大数据逻辑 /205

　　一、何为目标受众画像 /207

　　二、如何为用户画像 /213

　　三、用户画像的应用策略 /224

第七章　直播电商的法律逻辑 /231

　　一、法律主体 /233

　　二、法律关系 /241

　　三、法律风险与陷阱 /247

　　四、销售一般商品的法律责任 /252

　　五、销售特殊商品的法律责任 /263

后　记 /270

序　言

的增量，行业对直播专业人才的需求越来越旺盛。由此，有关直播电商运营的书籍和各类培训项目也越来越多。这些已经面市的书籍和培训项目，主要是基于泛娱乐直播方面的经验，关注短期的流量效应、事件营销、直播间话术等操作层面的内容。对直播电商的基本理论逻辑、直播的营销原理、直播背后的选品过程、直播行业的监管和法律要求等问题缺乏深度研究与阐释，难以达到提升主播等从业者综合素质的目的。

要理解为什么直播电商会爆红，需要透过现象看本质。中国市场学会短视频与数字营销专业委员会立足产业研究，汇集专业力量，研发高标准、高质量的直播电商教材和人才培养方案，在深入阿里（淘宝直播）、快手、字节跳动（抖音）、京东等企业进行实地调研的基础上，组织专家学者创作了《直播的逻辑》《成为主播》两本书。这两本书从直播电商的本质入手，透过直播电商热闹的表象，研究直播电商背后的经济学、营销学、管理学、心理学原理，提出了"商品数据化2.0""人带货与货带人"全面融合等全新的理论框架，力图穿透直播电商的底层逻辑，为行业研究者、从业者、立志从事直播电商的人员、政府主管部门人员等提供参考，以此助力中国直播电商行业良性发展。

是为序。

李勇坚

目　录

第一章　直播电商是不可阻挡的未来趋势 /1

一、快速增长的万亿级新业态 /2

二、直播电商的是是非非 /18

三、区域发展鸟瞰 /20

四、产业走向透视 /26

第二章　直播电商的科学逻辑 /29

一、直播电商的前世今生 /30

二、营销与传播的完美结合 /46

三、直播电商本质上是一门科学 /58

四、直播电商的基本原理 /75

五、直播营销模式举例 /82

第三章　直播电商的营销学逻辑 /93

一、市场营销的基本概念及理论基础 /94

二、直播营销策略解析 /102

第四章　直播电商的心理学逻辑 /117

一、爆款背后的消费心理 /118

二、爆款背后的粉丝运营 /138

三、爆款背后的价值传递 /146

第五章　直播电商的传播学逻辑 /155

一、寻找卖点 /156

二、提炼卖点 /163

三、卖点与内容挖掘 /175

四、卖点与人设 /181

五、卖点与共情 /200

第六章　直播电商的大数据逻辑 /205

一、何为目标受众画像 /207

二、如何为用户画像 /213

三、用户画像的应用策略 /224

第七章　直播电商的法律逻辑 /231

一、法律主体 /233

二、法律关系 /241

三、法律风险与陷阱 /247

四、销售一般商品的法律责任 /252

五、销售特殊商品的法律责任 /263

后　记 /270

1. 直播用户快速增加，接近四亿之众

我国互联网用户的增长已经步入成熟阶段。2017—2019 年，全网日活跃用户数量（DAU）年新增率约 2%[①]，在用户整体增长放缓的同时，短视频/直播平台的用户仍然保持快速增长。以抖音为例，其日活用户数从 2019 年 1 月的 2.5 亿，增长到 2020 年 8 月的 6 亿。以快手为例，快手中国 App 及小程序的平均日活跃用户达到 3.792 亿，同比增长 26.4%，环比增长 20.0%。直播日活用户数的快速增长，是推动直播电商快速发展的重要动力。第 47 次《中国互联网络发展状况统计报告》显示，截至 2020 年 12 月，直播用户规模为 3.88 亿，较 2020 年 3 月增长 46.42%，是互联网用户增长最快的应用领域。

随着家庭宽带、4G 等高速网络技术的快速普及，用户在短视频/直播方面的使用时长也快速增加。2020 年的新冠肺炎疫情，使用户在短视频/直播方面的使用时长大幅度增加，月均使用时长为 20.7 小时，相较 2019 年增长约 9%，用户黏性进一步增强（见图 1-1）。

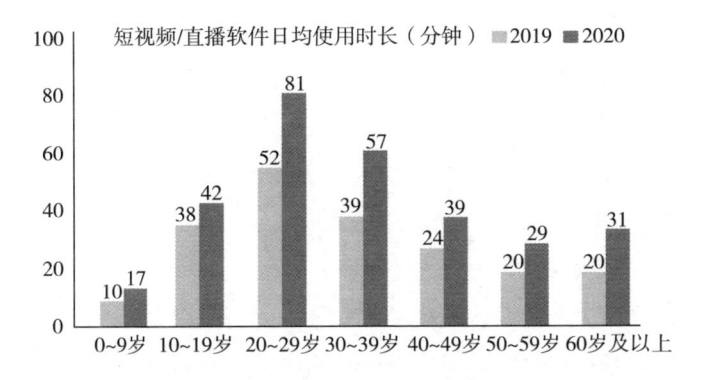

---

① QuestMobile；贝恩分析。转引自：抖音电商和贝恩公司发布的《2021 抖音电商商家经营方法论白皮书》。

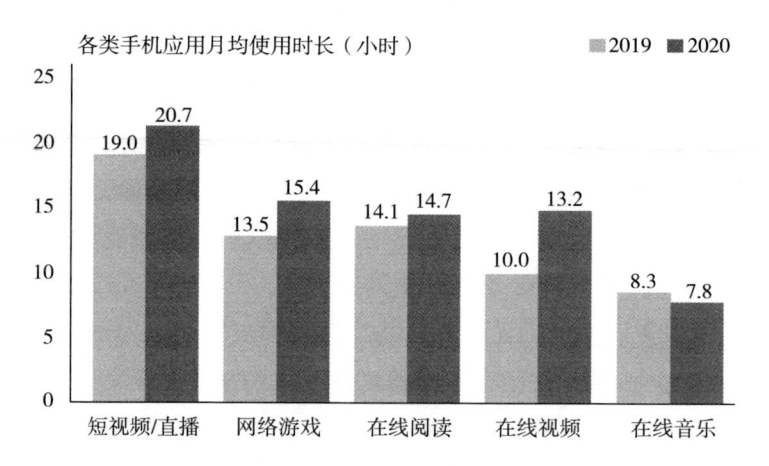

各类手机应用月均使用时长（小时）　　■2019 ■2020

应用	2019	2020
短视频/直播	19.0	20.7
网络游戏	13.5	15.4
在线阅读	14.1	14.7
在线视频	10.0	13.2
在线音乐	8.3	7.8

图1-1　2019—2020年网络用户的时间分布

资料来源：抖音电商和贝恩公司发布的《2021抖音电商商家经营方法论白皮书》。

从用户特征看，20~29岁年轻用户的使用时长最长，增长速度最快。值得注意的是，60岁及以上人群使用时长的增长也非常快，从未来发展看，这部分人群在使用时长上还有很大的拓展空间。

2. 直播规模快速扩大，已形成万亿级市场

直播电商自2016年开始进入社会公众的视野，年均增长率超过了100%。由于直播电商是一种新业态，2016—2018年直播电商的统计数据相对缺乏。

2020年10月12日，毕马威联合阿里研究院发布《迈向万亿市场的直播电商》，当时预计2020年直播电商整体规模将突破万亿元，达到10 500亿元，2021年直播电商规模将扩大至约2万亿元，如图1-2所示。

图 1-2　2017—2021 年直播电商市场规模及其增速

资料来源：毕马威、阿里研究院综合分析；巨量算数和抖音电商发布的《2021 抖音电商生态发展报告》。

2020 年，在疫情防控的背景下，网络直播和短视频的用户数、用户使用时长等指标激增。商家复工复产，各大品牌商将直播作为品牌营销的新工具，不断提升其营销的线上渗透率。商务部数据显示，2020 年我国重点监测电商平台累计直播场次超 2 400 万场。从整体上看，疫情期间人群实体接触受到限制，为直播电商发展提供了一次非常好的教育消费者的机会，这为直播电商的快速增长奠定了基础。据测算，到 2021 年，直播电商在电商中的渗透率将超过 14%，如图 1-3 所示。

直播电商市场规模的快速扩张，带动了直播企业数量的迅速增加。企查查数据显示，2020 年我国直播相关企业注册量达到 7.5 万家，同比增长 879.4%，并且超过以往历年注册量的总和。

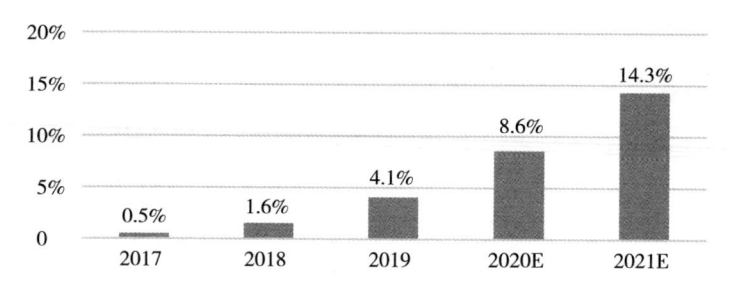

```
20%
15%                                              14.3%
10%                                    8.6%
 5%                          4.1%
         0.5%      1.6%
  0
        2017      2018      2019     2020E    2021E
```

图 1-3　2017—2021 年直播电商渗透率

资料来源：毕马威、阿里研究院发布的《迈向万亿市场的直播电商》。

> **核心要点**
> 　　直播电商已成为近年来增长最快的电子商务创新模式，2020 年其规模破万亿元，预计在未来仍将保持较快的增长速度。

3. 直播领域快速拓展，实现品类全覆盖

直播电商兴起之初，直播品类主要是美妆和女装。这是因为，无论是美妆消费还是女装消费，消费者都需要更丰富的数据、更直接的体验、更多的消费知识来促使其做出购买决策。以女装为例，图文的方式并不能完全展示尺寸、材质、做工、着装效果等重要因素，而这些要素决定了消费者是否会做出购买决策。在直播间，主播拿着商品进行详细讲解、模特进行着装示范，能够将服装的效果完全展示出来，从而有利于消费者做出购买决策。以美妆产品为例，消费者一方面缺乏足够的专业知识，如肤质、化妆品成分、副作用等；另一方面，消费者也会对使用效果存有疑虑。而主播通过专业讲解，并出具试用方面的具体数据并做出形象展示，能够为消费者做出购买决策提供支持。

经过四年多的发展，当前直播品类也已基本实现全行业覆盖。在淘宝直播平台，直播品类以女装为主，箱包配饰、食品和美妆护肤占比也比较大（见图1-4），说明目前直播购物的用户还是以女性为主，特别是"90后""95后"这批年轻女性：她们比较追求时尚，而且消费能力较强，对服装、配饰、美妆和零食的关注度比较高。

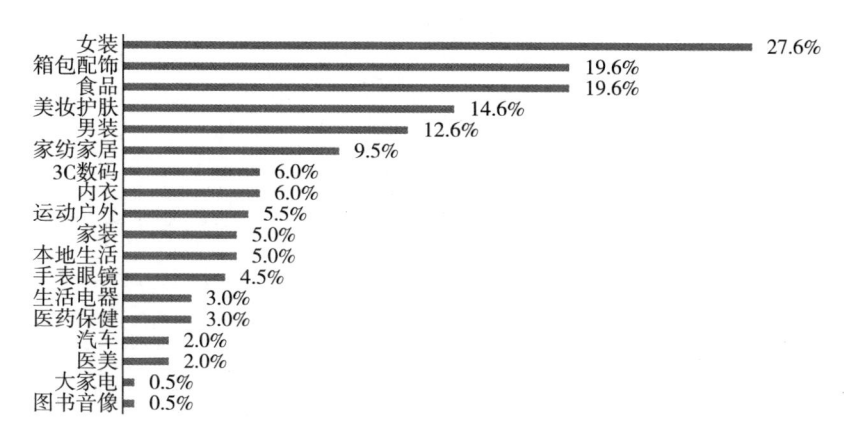

品类	占比
女装	27.6%
箱包配饰	19.6%
食品	19.6%
美妆护肤	14.6%
男装	12.6%
家纺家居	9.5%
3C数码	6.0%
内衣	6.0%
运动户外	5.5%
家装	5.0%
本地生活	5.0%
手表眼镜	4.5%
生活电器	3.0%
医药保健	3.0%
汽车	2.0%
医美	2.0%
大家电	0.5%
图书音像	0.5%

图1-4 淘宝直播品类分布

资料来源：阿里研究院、毕马威问卷调查。

泛娱乐直播平台的销售品类与淘宝直播略有差异。从快手电商平台的数据看，服装鞋包是最大的类目，其次是美妆和食品。从抖音直播平台来看，女装、坚果零食、生鲜、时尚饰品、美容护肤等品类的直播销售量位居前列[①]，如图1-5所示。

直播电商创建的强交互消费场景，极大地提升了购买效率，使直播间内的货品上限得以不断提高。从汽车、房子到火箭，直播间内的货品池打破地域、品类限制，突破传统电商渠道的局限性，真

---

① 参见巨量算数和抖音电商发布的《2021抖音电商生态发展报告》。

正做到了"万物皆可播"。

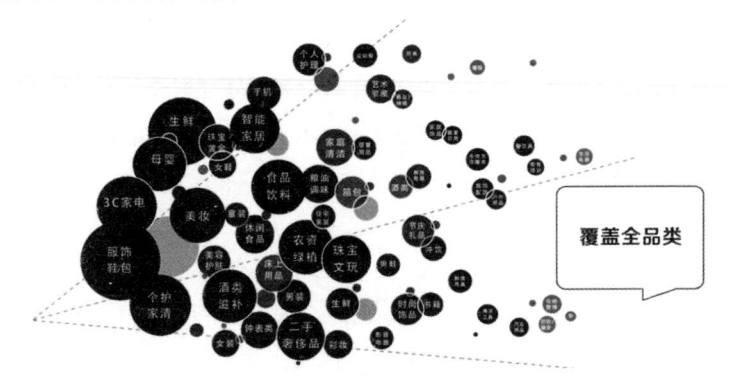

图 1-5 抖音电商直播品类分布

资料来源：巨量算数和抖音电商发布的《2021抖音电商生态发展报告》。

> **核心要点**
>
> 直播品类正在多元化，女装、配饰、护肤品、食品等占据前几位，但家电等品类正在快速增长。

4. 全产业链发力，形成完整生态体系

经过几年的发展，直播电商生态日趋完善（见图1-6），平台、MCN机构、网店、主播、消费者、供应商、服务商、政府等角色，通过相互配合、相互合作，共同为用户提供更好的消费体验，形成一种快速发展、活力十足的新生态。

（1）平台：主播的战场。

根据《网络直播营销管理办法（试行）》，直播营销平台是指在网络直播营销中提供直播服务的各类平台，包括互联网直播服务平台、互联网音视频服务平台、电子商务平台等。从事直播电商业务的平台主要分为三大类：

图 1-6　直播电商生态图谱

资料来源：毕马威、阿里研究院分析。

第一类是传统电商平台为鼓励商家发展，自行搭建直播板块，作为平台商家销售运营的工具。典型代表如淘宝、京东、拼多多、苏宁等，此类平台具有丰富的货品和商家资源、成体系的电商服务和消费者权益保护体系，以及平台治理规则。传统电商平台在体量上仍占据优势。

第二类是内容平台转型发展电商业务。典型代表如抖音、快手、小红书、B站等，此类平台上达人资源丰富，流量资源充沛，近两年呈现爆发式增长，是直播电商增量的重要来源。例如，在抖音平台，2020年1—11月新增开店商家数量增长17.3倍，成交总额实现了指数级的增长。2021年1月，成交总额相比上年同期增长50倍。

泛娱乐平台的逻辑各有不同。快手强调私域流量与内容引力。例如，2021年3月，快手召开"引力大会"，宣布开启以"内容＋私域"为核心的直播电商2.0时代。而抖音强调兴趣电商。2021年

4月，首届抖音电商生态大会于广州召开，明确了"兴趣电商"平台定位。

第三类是社交平台将流量聚合，将其转化为商业价值。典型代表如微博、微信等，此类平台具有很强的社交优势，用户覆盖面广，能够调动起私域流量。

平台在直播电商的生态中占据了非常重要的地位。但是，平台地位的重要性根据平台的性质有所差异。在泛娱乐平台，如抖音、快手等，主播在从事电商之前就自带流量，可以根据粉丝的类别和喜好，选择不同的商品进行直播，从而对平台流量的依赖度并不高。但是，对纯电商平台而言，主播对平台流量的依赖度非常高。这是平台之间的巨大差别，也是主播在进行电商直播平台选择时需要进一步考虑的。

由于平台"流量特点"不一致，直播带货在不同的平台显示出不同的生命体征，跨平台复制较难。例如，淘宝是流量由平台控制的生态，快手是私域流量运营较强的生态。另外，对比抖音直播带货与淘宝直播带货，"高传播≠高转化"也成为平台带货痛点。抖音直播电商具有丰富的内容资源与一批高流量的主播，传播效率高；但对没有流量积累的自播商家来说，则需要更多的前期积累。

对于不同平台而言，消费者做出购买决策的流程是不一样的。在泛娱乐平台，消费者主要是基于对主播的信任而下单。在这个过程中，消费者的购物意向可能并不明确，很多是因为主播的推荐而产生的临时决策性购买。在这个链条里，主播的作用非常重要，起到了吸引粉丝、导流、商品解说等多重作用。最重要的是，主播调性与商品调性之间应该有很好的联结点。而在电商平台，很多消费者都是基于对商品的需求而下单，主播起到了导购、促销等多方面的作用。直播在这个过程中，发挥了更为直观、丰富立体、双向沟通、更为可信的商品信息传递渠道的作用。

随着直播的演进，两类平台之间的区别正在弱化。一方面，泛娱乐平台的网红也正在变成专业的导购。例如，几大泛娱乐直播平台的网红也化身为专业的网络直播导购；很多粉丝对这些主播的关注点正在从信任、兴趣等元素，变为直播带货商品。另一方面，电商平台的头部主播的网红化趋势越来越明显。很多大主播都按照明星包装的路径来塑造自己的人设。而粉丝可能直接关注这些主播，关注其直播内容，并在观看直播的过程中做出购买决策，而不是从搜索商品入手，然后找到店铺，再通过直播了解商品的特性，最后进行购买决策。

直播电商平台第一梯队2020年的业绩增幅显著。阿里巴巴财报显示，2020年淘宝直播商品成交总额超过4 000亿元，较2019年增长翻倍。快手招股书显示，2020年前11个月，快手电商商品成交总额为3 326亿元。抖音电商2020年全年商品成交总额中，超100亿元是主播通过抖音自有电商平台抖音小店卖出的。

> **核心要点**
>
> 平台是主播进行直播的场所。不同的平台，对直播电商主播发展的意义是不同的。

（2）MCN机构：网红生产工厂。

MCN机构是将不同类型的PUGC（专业人士输出内容）联合起来，支持内容的持续输出，通过平台实现商业的稳定变现的组织。在国外，MCN机构最早起源于YouTube平台，是为YouTube提供受众开发、内容编排、创作者协作等增值服务的第三方服务商。现在，MCN机构的服务功能已扩展到资金支持、创作培训、内容推广、合作伙伴管理、数字版权管理等。

《网络直播营销管理办法（试行）》则将MCN机构明确为直播营销人员服务机构，是指为直播营销人员从事网络直播营销活动提供策划、运营、经纪、培训等的专门机构。

国内MCN机构的发展大致可以分为四个阶段：萌芽期（2009—2014年）；成长期（2015—2016年）；爆发期（2017—2018年）；成熟期（2019年至今）。国内的MCN机构不仅作为中介方发挥信息沟通的作用，而且提供更为丰富的服务，包括主播培训、内容生产、多渠道分发、平台合作、粉丝运营、流量管理等方面的服务。在直播电商成为内容行业重要的变现方式之后，直播电商领域的MCN机构更是将招商选品、营销推广、供应链管理、品控、售后服务等作为其非常重要的职能。MCN机构作为连接品牌商、主播与直播平台的桥梁，其最大价值体现在精准高效匹配供应链、孵化主播和维持流量三个方面。

艾媒咨询数据显示，自2015年到2020年，中国MCN机构的数量迅速增加：2015年中国MCN机构仅有160家，2020年达到28 000家。直播带货正逐渐成为众多MCN机构的主要变现方式。作为直播电商产业链中重要的一环，MCN机构的核心竞争力体现在对网红的孵化、运营以及供应链的打造上。

阿里研究院、毕马威问卷调查显示，受访MCN机构目前面临的最大挑战为流量争夺（53%），其次是网红管理（20%）和变现渠道单一（9%）。随着MCN机构的数量越来越多，而移动互联网的流量红利越来越少，对流量的争夺会越来越激烈。

> **核心要点**
>
> MCN机构在发展过程中的定位不断变化。从未来发展来看,MCN机构需要摆脱对超级网红的依赖,强化供应链管理,提高交易效率,与品牌方建立新型合作关系。

(3) 主播：直播电商的核心。

主播通过其专业筛选,降低了消费者的商品选择成本。在购物过程中,主播与消费者双向互动,让消费者享受"有温度""有存在感"的购物体验。商务部数据显示,2020年上半年全国活跃主播数超40万人。阿里研究院、毕马威问卷调查显示,主播岗位从业者的学历以大专为主,女性占绝大多数,主要为20～30岁的女性(见图1-7)。对机构而言,主播在直播电商的生态中主要扮演着导购的角色(76%),也部分承担着为品牌做广告的责任(6%)。随着直播电商行业的竞争越来越激烈,为了保证收入和粉丝数的稳定,大多数主播都会在高强度和昼夜颠倒的状态下工作。

(4) 产品商/供应链/品牌商。

品牌商是直播电商的基础。品牌商既要负责生产符合消费者需求的高品质商品,还要负责部分供应链管理。在这个过程中,品牌商有几项基本工作。一是确保产品质量。产品体验的核心是,产品是否好用,是否能够满足消费者的需求。据调查,产品因素在直播电商销售量的影响因素中占比超过51%。二是讲好品牌故事。品牌故事是品牌文化内涵的重要基石。对品牌商来说,要通过讲好品牌故事,赋予品牌文化内涵,为主播宣讲产品提供更丰富的素材。而自播商家作为品牌商,对直播过程中的关键核心要点,如折扣、商品性能、库存等均有掌控力,而自播本身也有利于品牌商积累用

主播年龄分布

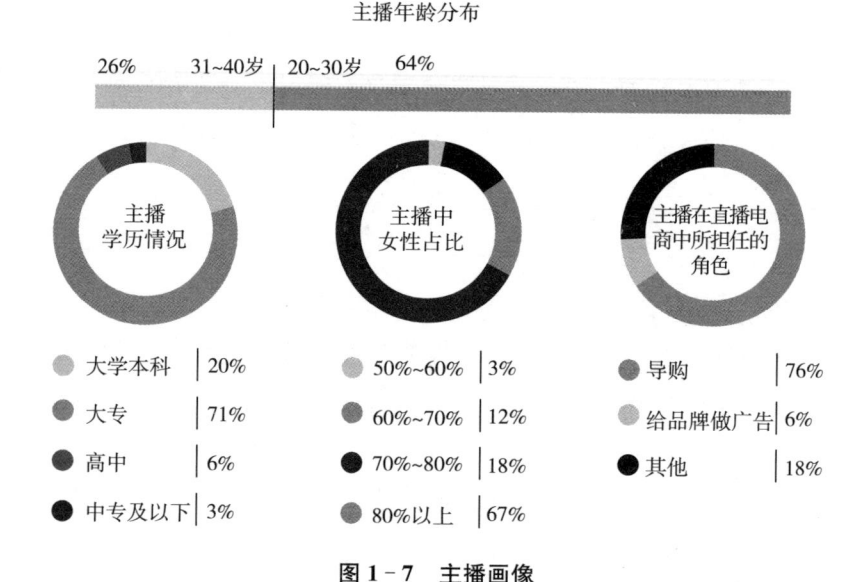

26%　31~40岁　20~30岁　64%

主播学历情况		主播中女性占比		主播在直播电商中所担任的角色	
大学本科	20%	50%~60%	3%	导购	76%
大专	71%	60%~70%	12%	给品牌做广告	6%
高中	6%	70%~80%	18%	其他	18%
中专及以下	3%	80%以上	67%		

图 1-7　主播画像

资料来源：阿里研究院、毕马威问卷调查。

户，建立与用户的长期关系，形成品牌资产沉淀，因此品牌自播将越来越受到重视。例如，2020 年 12 月，品牌"薇诺娜"通过外部流量引入、持续内容种草、达人引流、商业流量投放等方式，快速积累精准粉丝 18.7 万，直播间销售额从不到 10 万元快速爬升，迅速完成官方账号自播冷启动[①]。

品牌商进行直播营销的过程中，还面临着如何选品的问题。在直播间，主推爆款非常重要。

例如，来自韩国的护肤品牌"WHOO 后"，通过头部主播广东夫妇和抖音超级品牌日的资源聚合，实现了单场超 3 亿元、单品 2.89 亿元的惊人战绩。为了迎接超级品牌日的销量爆发，"WHOO

---

① 参见《2021 抖音电商生态发展报告》。

后"与广东夫妇进行了多次带货合作,测试出效果最好的合作单品,并提前一个月备好货;在正式活动开启前,还通过多条短视频内容配合广告投放,进行大范围的宣发预热。活动当天,直播间、广告投放、客服、物流等多个部门通力协作,确保了当日的销量爆发。活动结束后,当日的主推爆款"天气丹"也成了全平台热议的产品。

品牌自播正在成为直播电商品牌拓展的重要因素。这需要品牌在其自身的产品逻辑与故事线上进行深度挖掘。例如,食品品牌"良品铺子"入驻快手10天,官方账号就实现了59万的涨粉,在快手的第3场直播就实现了900万以上的观看人数和2 300万元GMV。这主要得益于3个层面的因素:一是良品铺子本身具备强大的品牌力和产品力,并为快手渠道定制了专有商品;二是找到了在快手做生意的窍门,即树立品牌人设,通过在快手打造品牌独有的个性吸引关注,成功积累品牌私域粉丝;三是在快手官方流量和小店通&粉条的商业流量加持下,以"公域+私域"组合拳打法,从公域精准导流用户,再通过特有的高质量关注和涨粉社交关系链,实现用户在私域的沉淀和持续的复购。

受疫情影响,2020年初许多品牌商线下营销显乏力,而线上直播相对低廉的流量成本和高投资回报率吸引了品牌商的注意力,品牌商纷纷入局直播电商,实施品牌自救战略。阿里研究院、毕马威问卷调查显示,70%以上的品牌商通过直播很好地提升了产品销量(见图1-8),起到了很好的营销效果。

阿里研究院、毕马威问卷调查显示,60%以上的品牌商认为,是产品和服务的好口碑吸引消费者来到了直播间(见图1-9)。这说明,对品牌商来说,质量是直播营销的关键与核心,消费者主要是来购物的,只有产品和服务的质量好,才能留住消费者。

直播的逻辑

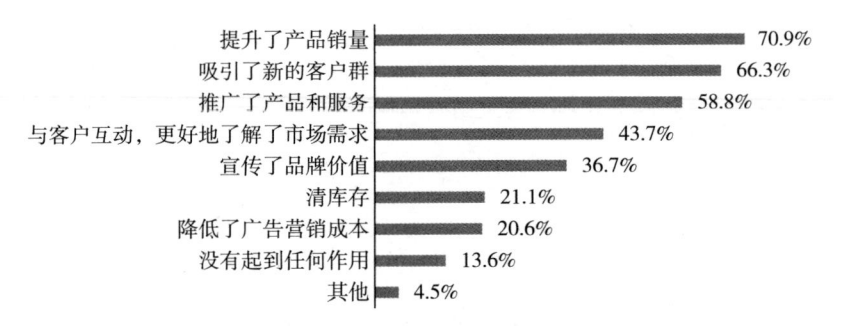

项目	比例
提升了产品销量	70.9%
吸引了新的客户群	66.3%
推广了产品和服务	58.8%
与客户互动，更好地了解了市场需求	43.7%
宣传了品牌价值	36.7%
清库存	21.1%
降低了广告营销成本	20.6%
没有起到任何作用	13.6%
其他	4.5%

图1-8 直播电商营销效果

资料来源：阿里研究院、毕马威问卷调查。

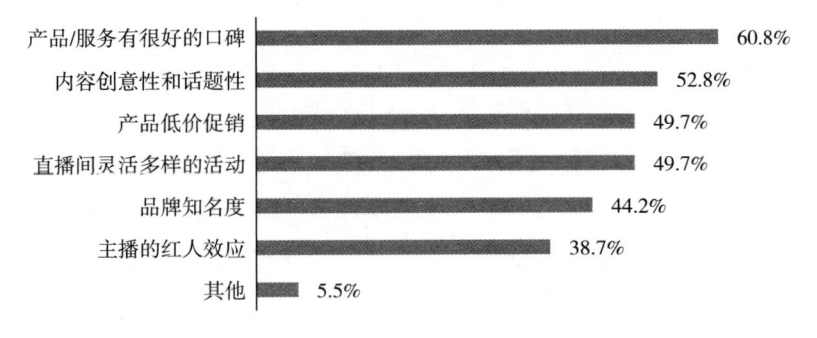

项目	比例
产品/服务有很好的口碑	60.8%
内容创意性和话题性	52.8%
产品低价促销	49.7%
直播间灵活多样的活动	49.7%
品牌知名度	44.2%
主播的红人效应	38.7%
其他	5.5%

图1-9 直播间吸引消费者的因素

资料来源：阿里研究院、毕马威问卷调查。

相较于光鲜亮丽的主播，商家作为直播电商的落地执行者压力颇大。根据阿里研究院、毕马威的调查，很多品牌商表示，对直播电商的商业模式不够了解、缺乏直播经验、品效选择困局是它们面临的突出痛点。

品牌商对直播的态度也面临着选择。一方面，品牌商希望利用直播的流量，使产品在短时间内实现高销量。另一方面，它们并不希望常态化打折损害品牌形象。因此，品牌商面对直播时，总在

"品牌"与"效益"（品效）之间摇摆。理想的状态是品效合一，而在当前的直播生态下，品效合一非常难实现。

将直播电商定位为"打折促销"，本身就会给品牌运营带来较大的困扰。这个问题与电商发展早期所产生的品牌线上线下冲突是同样的道理。品牌商面临着是否需要重新做一个线上品牌的抉择，由于直播营销的不确定性，这个选择难度甚至大于当年线上线下品牌冲突的问题。这个问题对于大品牌而言是一个困扰，毕竟，再优秀的主播，在大品牌的销售体系中，也只占据非常小的份额。

随着品牌商对直播模式的理解更加深入，以及品牌商与直播生态中其他成员之间的合作模式日益深化、规范化，越来越多的品牌商将加入直播电商的行列。

> **核心要点**
>
> 品牌商是直播产品的提供方，产品好用与否决定了直播电商是否可持续。直播电商对不同的品牌具有不同的影响，大品牌可能更注重使用直播方式进行品牌宣传、新品发布、短期促销；而小品牌或者自品牌要利用直播扩大影响力、提升产品销量、更好地了解市场需求后改进产品，从而达到品效合一。

直播电商的发展过程中，主播与品牌商、生产商、供应链各个环节之间的联系日益紧密，因此产生了一些专业人员负责此类事务。这些专业人员有些属于主播团队的成员，有些隶属于 MCN 机构，而有些则是提供专业服务的独立第三方。这些人员或机构都是专业选品机构。很多MCN机构都有了专业的选品部门，并进一步延伸到供应链。而专业选品机构也方兴未艾。另外，在直播过程中，主播团队中有一个相当于导演的角色。他是整个直播带货过程中的唯一负责人，负责选品决策、布景、道具、直播节奏把控等，相当于整个直播带货的产品经理。这些新的角色从MCN机构中独立出来后，正在成为一种新兴职业。在快手等平台，一般将这类人员称为"直播电商操盘手"。

直播电商还涉及各种服务体系，包括技术、培训、物流、支付、包装等各类专业服务机构，这些机构正在形成直播电商服务生态体系。

二、直播电商的是是非非

1. 利国利民的发展优势

（1）激活消费潜力，助推"国内国际双循环"。

直播电商新模式的加速发展，帮助千万中小企业、外贸代工厂和亿万农户，实现"生产—销售—消费"无缝对接，减少信息不对称，压缩了中间渠道，倒逼国内、国际流通升级，让利消费者，刺激消费者购买，进一步激发中国消费潜力。

（2）赋能传统经济，带动产业升级。

将直播电商引入工厂生产车间，让消费者全面观看和了解货品的生产流程，可以倒逼上游传统制造企业的转型升级，通过C2B实现反向定制以及新品开发，加速传统制造业的数字化转型。大量老旧厂房、百货商场、批发市场，搭上了直播电商"快车"，从线下延展至线上，如杭州四季青服装批发市场、云南瑞丽玉石批发市场，实现了"涅槃重生"。

(3) 催生新的就业形态，扩大就业。

2020年7月，人力资源和社会保障部、国家市场监督管理总局、国家统计局联合发布了9个新职业，其中最引人瞩目的莫过于"互联网营销师"。海量直播间，创造了主播、助播、选品、脚本策划、运营、场控等多种新就业岗位。中国人民大学研究报告显示，仅淘宝直播就创造了173万个就业机会。根据抖音官方数据，截至2021年1月，在抖音平台上获得收入的人数已超过百万。直播电商灵活的就业方式为国家"六稳""六保"贡献力量。

(4) 助力农村脱贫，助推乡村振兴。

一部手机，一根自拍杆，成为农民脱贫致富的"新农具"，全国上万个蔬菜大棚瞬间变成直播间，市长、县长、乡镇干部纷纷为当地农产品带货。2020年4月，习近平总书记来到陕西省柞水县金米村调研脱贫攻坚情况，并了解木耳直播电商销售情况，表示电商在推销农副产品方面大有可为。以淘宝直播的"村播计划"为例，自2019年启动村播计划以来，孵化农民主播10万余人，累计举办公益直播160多万场，覆盖全国31个省区市的2 000多个县域，超过500名县长走进直播间带货，带动农产品上行突破60亿元，帮助县域农民实现增收。

2. 存在的问题与强监管态势

2020年，直播行业快速发展，其背后潜藏的问题堪忧，如产品质量参差不齐、数据造假等。10月，辛巴卖"假燕窝"被罚款并被平台封禁。12月，罗永浩自曝售卖"假羊毛衫"，提出"假一赔三"的赔款方案……面对存在的问题，政府部门采取约谈、专项整治、限期整改等手段监管不良直播内容，同时出台政策与规定，对直播平台、主播等主体提出要求，对具体问题也制定了针对性条例。

针对直播带货出现的问题，2020年系列规范政策接连推出。2020年6月5日，国家网信办、全国"扫黄打非"办等八部门集中开展网络直播行业专项整治行动、强化规范管理的通知发布，提出建立主播账号分级分类管理规范及直播账号信用评价体系。2020年11月12日，国家广播电视总局发布了《关于加强网络秀场直播和电商直播管理的通知》，要求实行实名制并禁止未成年人打赏，政策管控进一步收紧。2020年12月，《法治社会建设实施纲要（2020—2025年）》对外发布，提出要完善对网络直播等新媒体业态的规范管理办法。2021年4月，国家互联网信息办公室、公安部、商务部、文化和旅游部、国家税务总局、国家市场监督管理总局、国家广播电视总局七部门联合发布《网络直播营销管理办法（试行）》，对直播电商进行了全面规范。

国家相关部门对直播带货的准入、内容、审核、监管制定了相应管理细则，对不同的参与角色，如直播平台、入驻商家、主播、MCN机构等都设立了规定。此外，要求提高甄别和打击数据造假的能力、建立畅通的用户举报投诉渠道等。在多方共同努力下，直播电商逐步走向规范化发展，形成良性竞争生态。

三、区域发展鸟瞰

1. 地方发展概况

地方直播带货取得显著成效。2020年，上海举办"五五购物节·品质生活直播周"，一周时间内，累计直播场次达上万场，带动线上线下消费交易额达50亿元。2020年，浙江省杭州市余杭区"中国青年电商网红村"正式挂牌成立，中国（杭州）直播电商产业基地开园,中国(余杭)品牌直播产业园启动……2020年4月,余杭区举办"淘直播·购杭品"余杭畅购嘉年华活动,参与企业超过1 000家,在线观看直播超5 000万人次,带动销售额近7 000万元。2020年,温州市开展直播带货23万场,累计观看超6.6亿人次,零售额达175亿元。2020年,义乌市开展网红直播带货18.33万场,销售额207.02亿元。2020年上半年,北京市重点电商企业开展直播带货600余次,带货销售额约80亿元,王府井、三里屯等重点商圈累计直播超过500场。2020年6月,广州首届直播节3天直播场次超27万场,累计优惠超10亿元,广州专业市场近30个活动会场总交易额超1.2亿元。重庆商务委数据显示,2020年重庆全市开展直播带货18.4万场,带动销售突破100亿元。

直播电商为县域经济发展带来新机遇。全国直播电商百强地区中,浙、粤、沪位居前三。中国市场学会、阿里研究院联合淘宝直播发布的《直播电商区域发展指数研究报告》显示,2020年直播百强地区分布在16省份(见图1-10)。浙江最多,占21个;广东、上海、北京分列二、三、四位,分别有18个、13个、12个。直播百强地区前十强:滨江区(浙江)、白云区(广东)、江干区(浙江)、浦东新区(上海)、余杭区(浙江)、萧山区(浙江)、东海县(江苏)、义乌市(浙江)、天河区(广东)和朝阳区(北京)。上百位县市长走进淘宝直播间,通过直播为当地农副产品带货。从中国南端的海南三亚市,到北端的黑龙江大兴安岭呼玛县,县市长们为家乡农副产品直播"代言";从热带的杧果、菠萝,到东北的大米、杂粮,覆盖了数十个特色品类。

直播的逻辑

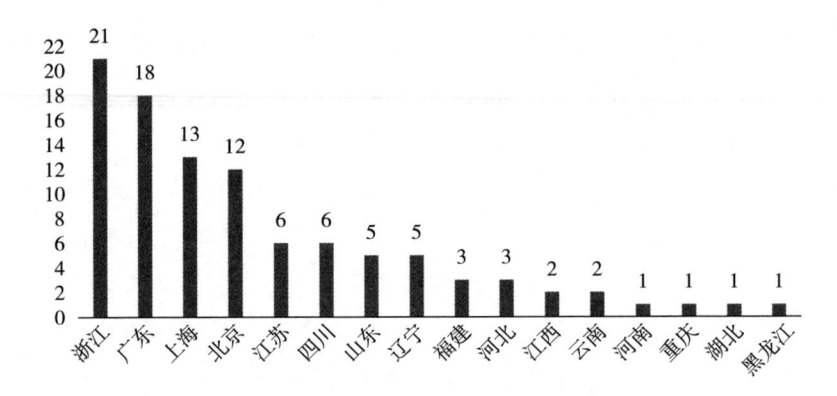

图1-10 直播电商指数百强地区省级分布

资料来源：中国市场学会、阿里研究院和淘宝直播发布的《直播电商区域发展指数研究报告》。

直播电商发展与当地产业基础密切相关。在东南部沿海省份，制造业相对发达，直播电商的主要品类为服装、鞋类等，如杭州女装、海宁皮革、晋江鞋业等。中西部省份，气候、环境资源独特，直播电商以农副产品为主，如阿克苏苹果、中宁枸杞、柞水黑木耳等。玉石直播异军突起，成为直播网红产品，如瑞丽翡翠、和田玉、岫岩玉石成为直播爆款产品。

直播电商百强地区中，多数具有"老牌电商强区""扎实的产业基础""丰富的 MCN 机构/达人资源""完善的直播生态"等一个或多个特征（见图1-11）。如浙江杭州四季青，是华东地区最有影响力之一的服装一级批发与流通市场，依托市场开展"档口直播"，既可以作为线下批发市场档口，又可以用作线上零售直播间，一地两用，四季青走向"线上＋线下"共同发展模式。云南德宏傣族景颇族自治州的边陲小城瑞丽，是国内最主要的珠宝翡翠集散地之一，近两年来自全国各地的青年涌入瑞丽，4万多位主播24小时的工作把瑞丽变成了不夜城，主播、客服、货主、快递员、司机、餐饮从业人员这两年都成倍增长。中国皮革之都浙江海宁，借助淘宝直播，让上万商户乘上"云卖货"东风。

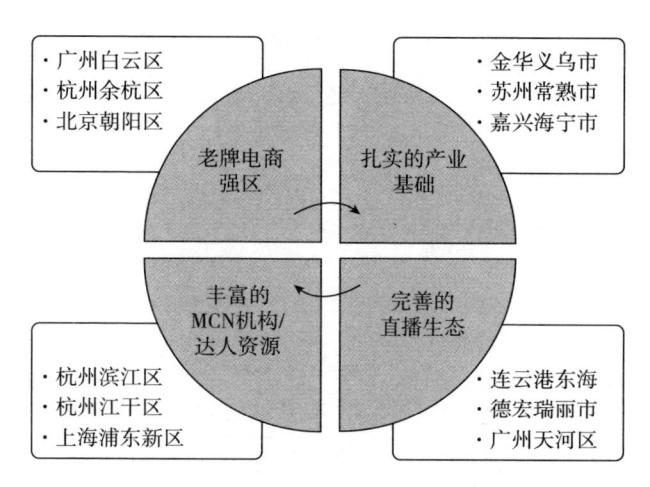

图1-11 直播电商百强地区特征

资料来源：中国市场学会、阿里研究院和淘宝直播发布的《直播电商区域发展指数研究报告》。

2. 地方政策环境

据不完全统计，2020年全国有数十个地区出台了直播电商扶持政策（见表1-1）。多地政府明确提出要打造"直播电商之都""直播经济总部基地"，并将电商主播列入人才引进政策，出台了一系列相关人才培养的扶持政策，掀起一波发展直播电商经济的热潮。例如，2020年6月20日，杭州市余杭区出台《余杭区直播电商政策》，通过12条"直播电商"扶持政策，打造直播经济第一区。6月22日，义乌市出台《义乌市加快直播电商发展行动方案》，对知名直播平台、规模网红服务机构、自带流量的"网红"等，在金融、税收、人才购房、子女入学等方面给予支持。12月4日，上海市提出要加快建设上海国际消费城市，培育发展在线新经济，针对直播电商平台、直播电商基地、MCN机构和直播服务机构等分别提出一定的扶持政策，并大力发展"直播＋生活服务业"。2021年1月12日，浙江省商务厅发文拟确定新禾联创数字时尚产业园等15个直播基地为2020年浙江省省级直播电商基地。

表1-1 各地2020年扶持直播电商发展政策汇总

省份	发文单位	时间	政策
浙江	杭州江干区	5月13日	《关于建设高端商务人才集聚区、推动中央商务区高质量发展的实施意见》
	杭州滨江区	6月9日	举行打造直播产业第一区推介发布会，发布系列扶持政策
	杭州余杭区	6月20日	《余杭区直播电商政策》
	义乌市	6月22日	《义乌市加快直播电商发展行动方案》
	杭州市	7月9日	《关于加快杭州市直播电商经济发展的若干意见》
	杭州西湖区	9月30日	《关于加快西湖区直播电商产业发展的若干意见（试行）》
广东	广州市	3月23日	《广州市直播电商发展行动方案（2020—2022年）》
	广州越秀区	4月13日	在"越秀区促进直播电商行业发展"新闻通气会暨直播电商行业交流会上公布支持政策
	广州从化区	6月5日	《广州市从化区扶持直播电商发展的若干措施（试行）》
	广州花都区	6月8日	《广州市花都区扶持直播电商发展办法（2020—2022)》
	深圳市	6月28日	《深圳市关于进一步激发消费活力促进消费增长的若干措施》

第一章 直播电商是不可阻挡的未来趋势

续表

省份	发文单位	时间	政策
山东	菏泽市	5月18日	《菏泽市直播电商发展行动方案（2020—2022年)》
	济南市	5月22日	《大力发展电商经济打造直播经济总部基地的实施方案》
	青岛市	5月26日	《青岛市直播电商发展行动方案（2020—2022年)》
福建	泉州市	5月9日	《泉州开发区关于扶持电子商务发展的若干措施》
	石狮市	6月5日	《石狮市支持直播电商的若干措施》
	莆田市	6月23日	《莆田市直播新业态发展三年行动计划（2020—2022年)》
	厦门市	8月3日	《厦门市直播电商发展行动方案（2020—2022年)》
四川	省商务厅	3月30日	《品质川货直播电商网络流量新高地行动计划（2020—2022年)》
	武侯区	8月5日	《武侯区促进电商直播产业发展扶持办法（试行)》
	成华区	11月23日	《成华区促进直播电商发展的十四条政策措施》
重庆	市商务委	5月8日	《重庆市加快发展直播带货行动计划》
上海	市政府办公厅	4月3日	《上海市促进在线新经济发展行动方案（2020—2022年)》
	市商务委	12月4日	《市商务委关于促进本市直播电商创新发展若干措施的通知》
北京	市商务局	6月10日	《北京市促进新消费引领品质新生活行动方案》
河南	许昌市	6月27日	《许昌市直播电商发展行动方案（2020—2022年)》
河北	石家庄	7月27日	《石家庄市新媒体直播电商示范城市网红人才成长计划（2020—2021年)》
辽宁	大连市	5月28日	《大连市直播电商发展行动计划（2020—2022年)》
	省商务厅	8月11日	《关于推动电商直播提质网红经济促进网络消费的指导意见》
	沈阳市	10月31日	《沈阳市电商直播发展（网红经济）行动方案（2020—2022)》

25

续表

省份	发文单位	时间	政策
黑龙江	省政府办公厅	11月2日	《黑龙江省直播电商发展三年行动计划（2020—2022年）》
吉林	省商务厅	10月26日	《关于2020年度"直播电商示范企业"推荐工作的通知》
西藏	自治区商务厅	7月31日	《关于促进西藏直播电商发展的意见（2020—2022年）》

资料来源：中国市场学会、阿里研究院和淘宝直播发布的《直播电商区域发展指数研究报告》。

四、产业走向透视

1. 直播成为电商的营销新标配

疫情过后，直播电商这一全新营销形式将逐渐成为企业营销的重要方式，从风口变为电商营销的标配。大多数企业都意识到直播不仅可以带动线上销售，而且能为线下门店导流，通过直播进一步增强用户黏性，让品牌文化内涵更加丰满地呈现在用户面前。如林清轩、小龙坎、红蜻蜓等国产品牌都把业务重心转移到直播上。而很多此前对直播不太看好的国际知名品牌，也纷纷进入了这一赛道，除了与头部主播频繁合作外，也开始布局品牌自播。

阿里研究院、毕马威问卷调查显示，约75%的品牌商认为直播电商未来1年仍将继续保持增长态势。对于给出上述判断的理由，68.3%的品牌商表示因为围绕直播电商的服务机构会越来越多，直播电商生态会越来越丰富；62.3%的品牌商表示未来平台会给予更多流量支持；还有57.3%的品牌商表示未来消费者对直播电商会越来越推崇，渐渐养成直播购物的习惯。

自播是商家经营的主阵地，商家对品牌形象、货品、优惠力度、话术等关键运营节点拥有很强的把控力。通过高频率、长时间的自播积累，利用互动、加粉、购买、复购等方式，可以实现品牌资产的沉淀积累，增强用户对品牌的黏性。从未来发展来看，品牌自播在直播电商中将占据越来越重要的地位。

2. 新基建使直播电商场景更多元化和泛在化

随着虚拟现实技术的逐渐成熟、5G 的应用普及、人工智能的成熟化，直播间未来将通过新技术进行感官互动，提升用户体验。例如，用户可以通过技术进行口红试色、产品使用等，就如同早年间品牌在 H5 页面中的诸多技术尝试。在这个方向上，直播间可能最终会成为"游戏间""互动放映间"，直播带货或许会成为一种用户购物的互动游戏体验，虚拟主播、机器人主播也会因此普及。

虚拟主播因为契合了"95 后"人群的喜好，目前已经在直播场景中有所尝试。2020 年 4 月 28 日，虚拟偶像"默默酱"出现在抖音直播间；5 月 1 日，洛天依在淘宝直播开启带货。2020 年下半年开始，不断有商家入局智能主播，启用智能主播来填补夜间空白时段，延长直播时长，满足消费者的深夜消费需求。虚拟主播由于成本较低，能够解决直播过程中主播的劳动强度过大等问题，将来会有更大的发展空间。

3. 直播人才培养加速

虽然"直播销售员"已经成为国家的正式工种，但目前直播相关人才仍处于亟须补短板的阶段，直播电商人才的系统性培养还处于起步阶段。其中，直播电商人才培养普遍缺少标准化的课程体系，既有经验又能讲课的教师也很稀缺。目前很多职业技术学校开始探索校企融合、协同育人的培养方式，通过与 MCN 机构和品牌方合作，给学生提供实践机会。

另外，直播电商人才的培养并不只是打造薇娅、李佳琦这样的达人主播，而是需要进行全产业链人才的培养，其中包括策划文案人才、直播运营人才、供应链管理人才等。以一场直播活动为例，不仅有主播，还有团队为直播服务，如负责统筹的项目负责人、负责文案写作的策划、直播运营、场控、副播等。未来直播电商相关课程将成为电子商务专业的标配。

4. 直播电商向垂直类方向发展

随着直播用户群体越来越成熟，对直播内容的需求也变得更专业化。"二八法则"将难以继续适用于市场，需求曲线进一步扁平化，垂直细分领域的需求在未来将产生无限潜力。接下来，直播电商要进入精细化的"深耕"阶段，对专业性要求更高，分工将会越来越细化。阿里研究院、毕马威问卷调查显示，产业链垂直发展（61.76%）被认为是机构未来三年直播电商业务的主要发展方向，如从全品类向美妆类或者母婴类产品直播转变。而抖音等基于内容质量的平台，其内容方面的达人依托粉丝数量等优势在电商方面持续发力，也将推动垂直类直播电商兴起。

目前，淘宝直播四大头部品类是服饰、珠宝、美食、美妆，而整个电商领域的头部品类分别是服饰、个人护理、消费电子、零食。随着二孩、三孩、养老市场消费升级需求的持续攀升，母婴、保健品和家居生活类具有极大的上升空间。对于在很多专业领域已有积累的网络达人而言，他们将利用专业知识，为粉丝提供更专业的直播服务，并实现电商销售。

第二章

直播电商的科学逻辑

虽然互联网刚出现时就有了直播的影子，但是，直播作为一种商品营销或售卖模式，却是近几年才兴起的。直播电商是从娱乐直播、秀场直播、游戏直播、泛生活直播等发展过来的。然而，直播电商并不是一种娱乐模式，而是一门科学——将广告、营销、消费者心理、信息科学、互联网流量等多种知识综合在一起的科学。要理解直播电商，首先要理解电子商务。电子商务通过将商品数据化，解决了远程营销的问题，这正是直播电商的重要特点之一。在这个发展过程中，电子商务经历了从邮寄目录购物、电视购物、图文电商，到短视频营销，再到直播电商的蜕变。

一、直播电商的前世今生

很多人认为，直播营销不过是邮寄目录购物或电视购物的升级版，又或者是图文电商的升级版。如果从信息跨时空传递的角度看，这种说法确实有道理，但从营销的本质看，这种说法有失偏颇。从整体上看，直播电商正在全面地改变商业生态。直播不但改变了信息跨时空传递的方式，而且推动了营销的发展。直播实现了具有互动性、娱乐性、社交性、立体性等多方面特点的商品数据化，提供了商家与消费者之间的信任机制解决之道，从而创建了一种新的营销通路。

1. 直播电商的先声："屏读"时代

21世纪初，美国人托马斯·弗里德曼写了一本在中国超级畅销的书《世界是平的》(*The World Is Flat*),大家在阅读这本书时,忽略了其副标题"21世纪简史"。其实,从更精确的概念看,我们认为,21世纪的世界是"屏"的。无论在生活,还是学习、工作过程中,我们都面对着各种各样的"屏":电脑屏、手机屏、智能手表屏等。互联网思想界的大咖凯文·凯利在其出版的《必然》(*The Inevitable*)一书中提出,"屏读"(screening)是未来世界里的一个必然趋势,一切都将屏幕化,甚至我们穿的衣服都将是一种"屏幕",而屏幕也将成为人类知识的最重要来源和信息交换的最重要载体。

互联网是"屏读"时代最重要的底层基础。互联网的历史虽然可以追溯到1969年,但是进入中国的时间却并不长。从1994年4月20日第一条向社会公众开放的互联网线路开通运行作为中国公众互联网诞生的日子算起,互联网进入中国也就20多年。互联网的一个重要特点就是其高速的扩张性。据中国互联网络信息中心统计,1996年底我国互联网用户还只有10万,到2020年3月我国网民数已突破9亿人,渗透率超过64.5%。互联网已成为人们生活的一部分,而互联网上的内容,则成为"屏读"时代的知识基础。

在这个"屏读"的时代里,企业必须把产品或服务从线下搬到"屏"上,就是要将与产品或服务相关的知识、信息等借助网络传递到"屏"上,将产品及服务、品牌等信息全面发布到"屏"上,从而提高信息传播效率和沟通效率。在这个搬运的过程中,"图片+文字"是最简单的表现方式。早期的电子商务就是直接将商品有关信息以"图片+文字"的方式进行传输。

核心要点

屏幕化是未来世界的一种趋势。企业必须将与产品或服务相关的知识、信息等借助网络传递到"屏"上，从而实现与消费者更多的信息交互。

2. 屏幕呈现：商品数据化的历程

从本质上看，零售的核心价值观就是要将正确的商品在正确的时间以合适的价格交付到消费者手中。电子商务并没有改变这个核心价值观，而是强调利用新一代信息技术，使零售业的价值创造过程效率更高、消费者的体验更好、商家的收益更加可持续。从电子商务发展的现实看，将现实的物品或服务变成信息，并将这些信息以图文、视频、互动的方式呈现在屏上，并不是一蹴而就的，而是经历了一个演变的过程。

（1）邮寄目录购物：商品数据化的开始。

在人类发展史上，信息跨时空传递并不是一个新鲜的概念，图书是人类第一种跨时空传递信息的工具。然而，书籍跨时空传递知识面临着一个瓶颈，就是知识必须依赖于书籍这个载体才能实现跨时空的传递。这种知识传递模式，在早期被邮寄目录商店所采用。

邮寄目录商店将商品信息印刷在精美的小册子上，直接寄给消费者。这个过程中，信息与实物不能分离，因此邮寄是一个必不可少的动作，这使商品信息反馈的及时性等无法得到满足。在一个世纪之前，这种邮寄目录商店就已经非常发达了。西尔斯·罗巴克的目录商店号称可以买到市面在售的任何商品，甚至可以购买装配式建筑组件（这些组件可以在客户指定的地方用于搭建一间房屋）、汽车以及与之配套的"现成的便携式车库"、各类枪支及配件等。

在我国，邮寄目录购物领域也出现过一些知名企业。例如，20世纪90年代末，以麦考林等为代表的邮寄目录购物业务曾经快速增长。但是，邮寄目录购物涉及的信任机制、支付方式、物流模式、时间滞后、售后服务等问题一直没有很好地解决，因而并没能发展壮大。

> **核心要点**
> 　　邮寄目录方式尝试将商品信息与商品本身进行剥离，从而实现商品信息的跨时空传递，降低流通成本。

（2）电视购物：立体呈现商品的开端。

人类历史上出现的另一种跨时空传递信息的工具是电视系统。电视将书籍的平面图文变为立体丰富的影音图像，实现跨时空的传递。相对于邮寄目录，电视购物能更直观地呈现商品多个维度的信息。1982年出现了第一家专业电视购物公司，即美国家庭电视购物网HSN（Home Shopping Network）。1986年，QVC（quality、value和convenience的首字母，意为质量、价值和便利）公司成立，电视购物进入一个新发展阶段。QVC曾缔造一天逾8 000万美元订购额的纪录，年销售额近百亿美元。在我国，自1992年广东省珠江电视台首次推出第一个电视购物栏目之后，电视购物快速发展，到1998年已有500多家电视购物公司。这些公司在100多个电视频道上开设购物栏目，大大小小的购物节目发展到2 000多个，年销售额达数十亿元。

此后，由于电视购物中出现了虚假宣传、虚构价格、售后服务差等多方面的问题，国家开始对电视购物进行牌照管理。目前，获得国家广播电视总局批复开办的电视购物企业有 34 家。其中，频道信号覆盖全国的电视购物企业 11 家，覆盖省域的 15 家，覆盖跨省域的 1 家，覆盖跨市域的 3 家，覆盖市域的 4 家。总体而言，我国电视购物在电商冲击之下发展困难。商务部 2018 年发布的中国电视购物业发展报告显示，截至 2017 年底，全国获得电视购物经营许可的 34 家企业实现销售额 363 亿元。截至 2017 年底，我国电视购物会员人数突破 8 200 万，占全国总人口的 5.9％。有意思的是，互联网电视购物与跨境电视购物快速发展，互联网渠道销售总额同比增长 37％，而跨境商品销售总额增长了 117.5％。

> **核心要点**
>
> 电视购物实现了商品信息的立体化与丰富化传递，可以更直观地展示商品，从而激发消费者的购物欲望。但这种方式容易产生虚假宣传、虚构价格等问题，目前发展困难。

（3）超级渠道：电子商务的兴起。

互联网的信息传输与交互方式，给商业模式创新发展带来了新机遇，其中一个重要的创新就是电子商务的发展。电子商务的本质是商业的数据化，即通过将商品和服务数据化，将商品相关信息进行跨时空的传递。因而，电子商务成为一种重要的商业模式。数据化有多种表现形式，最初的是文字、图片等。这使买家、商品、卖家能够分离，营销活动更加丰富多样，营销模式方面也有了更多的创新。因此，在互联网广泛应用后不久，电子商务就作为一种新商业模式出现了。

中国的电子商务开始于 1996 年（如果不算 EDI 这些具有某种虚拟交易性质的交易）。第一笔电子商务交易是"电子超市"瀛海威时空将新知书店的《Internet 使用秘诀》一书卖给了订购者——北京 44 中初三学生张博迁。这是国内商家在网上卖出的第一件商品，也是中国人个人通过电子商务购买商品的第一次尝试。

在国外，1995 年 9 月，奥米迪亚为了讨女朋友欢心，建立了一个网站，以帮助女朋友收集 Pez 糖果盒，并在个人之间交易糖果盒。之后，奥米迪亚将网站的交易品种扩大到几乎你能想象得到的所有产品。这个网站就是大名鼎鼎的 eBay 网站。

电子商务作为一种新商业模式，使时空变得不再重要。通过网络，可以将地理上分散的企业组织连接在一起，从单纯的地理空间进入地理空间与虚拟空间复合叠加的一个新空间。在这个新空间，信息流和资金流通过互联网可以畅通无阻地流动，对传统商业媒介产生脱媒（disintermediation）效应，极大地拓展商业空间和提高交易效率。在这个新空间里，品类等极其丰富，聚集的消费者数量也远远超过线下任何实体商业模式，从而成为一种营销的"超级渠道"。

在中国，电子商务成了社会经济发展的重要力量。到 2020 年 3 月，电子商务用户达到 7.1 亿，在全部网民中的渗透率达到 78.6%。相当于平均每个家庭有 1.5 个人参与网购。据商务部电子商务和信息化司发布的《中国电子商务报告 2019》，2019 年，全国电子商务交易额达 34.81 万亿元，其中网上零售额 10.63 万亿元，电子商务从业人员达 5 125.65 万人；实物商品网上零售额 8.52 万亿元，占社会消费品零售总额的比重上升到 20.7%。

对于从事商业经营的企业来说，电子商务的快速发展极大地压缩了其发展空间。2019 年，消费者平均每新增一元的消费支出，就有45%是通过网络消费实现的。

电子商务这种模式还创造了一些新的消费节日。据统计，2020年"双十一"，天猫交易额4 982亿元，京东全球好物节累计下单金额超2 715亿元，再次创造新的纪录。

> **核心要点**
>
> 电子商务兴起之后，就成了一种商品流通的"超级渠道"。这个渠道汇聚了超乎想象的品类和消费者，大幅降低了商品的流通成本，从而实现了高速发展。

（4）电子商务的困境：运营悖论。

目前，电子商务仍然主要停留在图文时代，即以图文数据为商品的表现形式，将互联网作为载体，向消费者传递关于商品的信息，在互动性、生动性、娱乐性、信任机制等方面仍有不足。

以图文展示商品，与商品相关的信息有限，而且真实度、可信度都容易受到质疑。例如，图片呈现本身因相机、屏幕等原因而存在色差；在实际进行虚拟店铺装修时，图片存在过度美化的情形。因此，消费者需要根据其他信息做出决策，例如价格、品牌等。

这一点可以解释为什么电子商务兴起的一段时间内，兴起了很多依赖于电商网络渠道的品牌，例如2008年左右兴起的"七格格"。然而，这些品牌成长到一定阶段后就难以再实现超越，究其本质是品牌成长受到了图文电商本身的限制。因为在图文电商的应用过程中，消费者面对的是冷冰冰的数据，缺乏可信任的导购，支撑消费者做出决策的信息是不够的。图文电商的发展过程中，本质上没有人的存在，因此也没有温度存在。

近年来，随着流量红利的衰减，以及电子商务商业模式本身的局限性，电子商务的增长速度开始逐年放缓。2019年，我国电子商务网上零售额首次低于20%，同时也是首次低于世界平均增长速度。

为什么会这样呢？因为电子商务商业模式的特点，在其内在逻辑上，就隐含着增长的困境。

第一，用户购买商品时横向对比的困扰。理论上，用户可以根据商品详情图、评论、打分等因素对商品进行综合评价。但是做出这种评价，需要消费者花费高昂的时间成本。

第二，用户的驻留时间越来越短。为了解决消费者的选择困境，很多平台商都研究了推荐系统，使消费者能够更精准地找到所需的商品。然而，推荐算法越来越精准之后，消费者的驻留时间越来越短。在网上购买商品，用户要先打开网站或App，比较一下商品的价格，浏览一下图文介绍以及网友的评论，在这短短的几分钟内，很难留出更多的"富裕"时间来"四处闲逛"，进行非计划性购物。

第三，厂商头部效应越来越明显，从事电子商务的厂商面临增长困境。大部分电子商务买家的每次购买基本上都以搜索为起点，但绝大多数人只会看完平台第一页的商品，其余的推荐几乎被忽略。也就是说，在网络上如果做不到排前几名，那么商品能够售出的概率就非常小。从这点看，对大多数商品而言，电子商务的展示频次甚至不及线下的商场、批发市场。

第四，平台上消费者的非意向性购买越来越少。传统电商的购物模式有两种：一种是"搜索—浏览—选品—加购—付款—评价"；另一种是通过电商平台网页、App的首页推荐或各垂直频道的"商品信息流"发现商品，并最终完成购买。第一种模式，其本质上由消费者推动，很难产生非意向性购买。而第二种信息流方式，虽然平台首页的"特价商品""促销""拼团""特卖"等一级频道，都可以实现对消费者购物需求的刺激，但受限于电脑网页、App本身的内容承载量，只是在部分层面刺激着非计划性购物的占比。而且，电脑网页、App信息流展示"商品"的局限性，使得各大平台必须让每一款"推荐位"的商品都是消费者最喜欢的产品，造成了电商消费在一定程度上的集中化。

第五，线上购物缺乏线下购物体验。购物体验是一个复杂、综合的要素。有学者提出，人们通过购物来自我调节、释放压力、缓解负面情绪等，实现心理问题的自我疗愈。这被称为零售疗法（retail therapy）。在现有的图文电商模式下，线下购物的体验仍是无法替代的。

第六，信任机制的缺乏。线上购物模式，主要是消费者通过对商品信息的浏览做出购买决策，在这个过程中，消费者如何建立信任机制，是一个尚未解决的问题。在直播电商模式下，主播扮演了信任中介的角色，部分解决了电商发展过程中的信任机制问题[1]。

核心要点

在电子商务运营模式下，电子商务发展隐含着持续增长的困境。例如，消费者选择困难、小商家流量越来越少、消费者在平台的驻留时间越来越短、消费者的非意向性购买越来越少、购物体验无法与线下相媲美、信任机制无法建立等。这些困境，说明电子商务运营已陷入自身发展悖论中。

---

[1] 信任机制的建立有多种方式，包括利用品牌建立信任机制、利用广告代言人建立信任机制等。

在这种背景下，如何引进立体化、娱乐化、互动化、社交化的商品数据化模式，就成了电子商务创新的一个重要基点。

(5) 直播电商的兴起：从商品数据化到商品兴趣化。

电商的本质是商品数据化。数据化有多种表现形式，最初的表现形式是文字、图片等。这使买家、商品、卖家能够分离，营销活动更丰富多样，从而使得营销模式方面有了更多的创新。货架式图文电商虽然带来了营销的高效率，但在数据表现、消费者选择等方面仍存在问题。

直播电商将商品数据化带入了一个新的阶段。比起线上平台的平面图片，直播更加直观、更加真实，互动性也更强。直播可以让消费者更直接地看到商品的方方面面，有的主播还可以根据粉丝要求进行多种搭配，消费者可以直接看效果。主播实时的语言和情绪、观众的即时反馈相比纯粹的图片和短视频会让商品显得更加真实，进而降低信任成本。同时，直播间内有主播的存在，就有实时的交互渠道，能够让用户感受到切身服务，用户诉求可以较快得到回应，而主播也能够很快得知用户的反馈。对于一些体验性较强的商品，如美妆、服装等，在直播时还能够看到更为直观的效果，这有利于消费者进行决策。直播电商与货架电商的比较可见图 2-1。

从流量运营的视角看，直播电商对流量的理解也正在发生变化。以内容见长的泛娱乐平台介入直播电商之后，电商的核心逻辑发生了变化，即流量运营从传统"商品＋公域"的"人、货、场"思维，升级为"内容＋私域"的思维。在这个过程中，主播作为内容生产者将起到越来越大的作用，利用内容的黏性，将私域流量的电商价值挖掘出来，并进一步提升用户的复购率，从而改变传统的图文电商以搜索为主的价值逻辑。这种从内容、流量运营来看待直播电商的视角，是对传统电商理论的一个冲击，在未来值得高度重视。

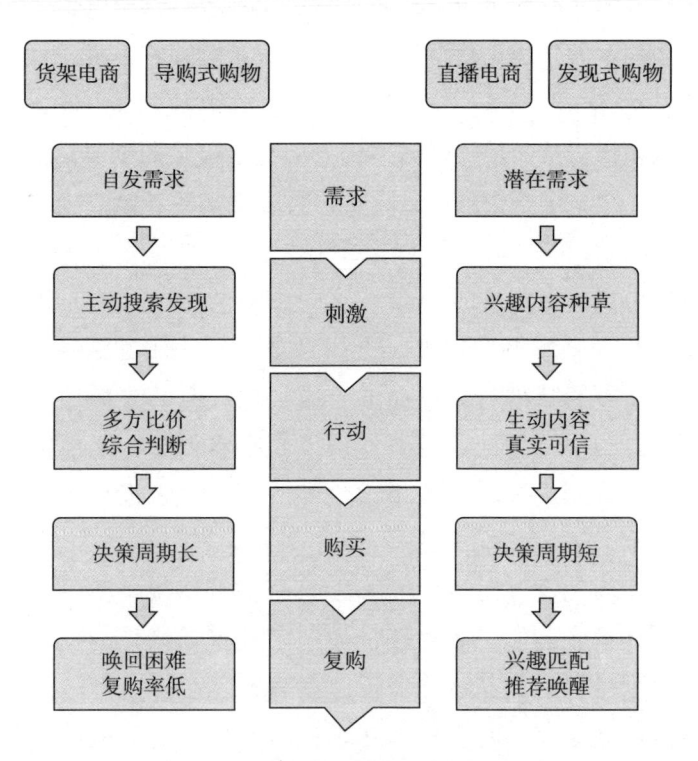

图 2-1　直播电商与货架电商的比较

资料来源：巨量算数和抖音电商发布的《2021 抖音电商生态发展报告》。

3. 直播电商的成长图谱

（1）直播电商源于直播行业。

直播并不是一个新的行业。在电视诞生之后的几十年间，电视新闻一直是以直播方式为主导的。到 20 世纪 50 年代，电视新闻才以分时编辑的方式播出。

互联网出现之后，直播随之出现在网络上。例如互联网引入国内时，一些 BBS 就以图文方式直播体育赛事。随着网速的提升，PC 端的一些秀场直播开始兴起。这种直播方式，只是对电视直播的一种补充，网络直播并没有大规模流行起来。

2012 年开始，游戏直播开始盛行。由于游戏的广泛流行性，而且游戏直播在电视上基本没有替代品，因此，游戏直播推动了网络直播的普及，使大量游戏粉丝转化为直播粉丝。游戏直播具备了直播电商的很多要素，包括主播的专业性、互动性、社交性等，这在直播电商中都有直接的体现。

随着 4G 开始进入商用阶段并大规模普及，抢占移动端的各种泛娱乐直播开始兴起，从而产生了"千播大战"。直播产业的兴起，推动了直播观众数的快速上涨，从而为直播电商发展奠定了流量基础。

2016 年 3 月，本身有网红资源早期积累的蘑菇街率先上线视频直播功能，并开始旗下网红直播艺人的孵化和经济业务。淘宝于 2015 年 11 月推出电商直播，并在 2016 年 5 月更名为"淘宝直播"。京东也在 2016 年 9 月推出直播，正式开启了直播大潮。因此，2016 年也被认为是直播电商发展的元年。直播电商可以满足消费者（粉丝）购物、社交、娱乐、价值观认同等多层次需求，从而获得了高速发展。

自 2018 年开始，原来专注于短视频和直播的抖音、快手等泛娱乐流媒体平台也开始以直播带货的模式大规模切入直播电商领域。自此，很多现象级主播开始出现，如李佳琦、薇娅、散打哥等，使直播电商受到了社会公众更广泛的关注。商务部大数据监测显示，2020 年上半年，全国电商直播超 1 000 万场。直播电商的发展时间节点见图 2-2。

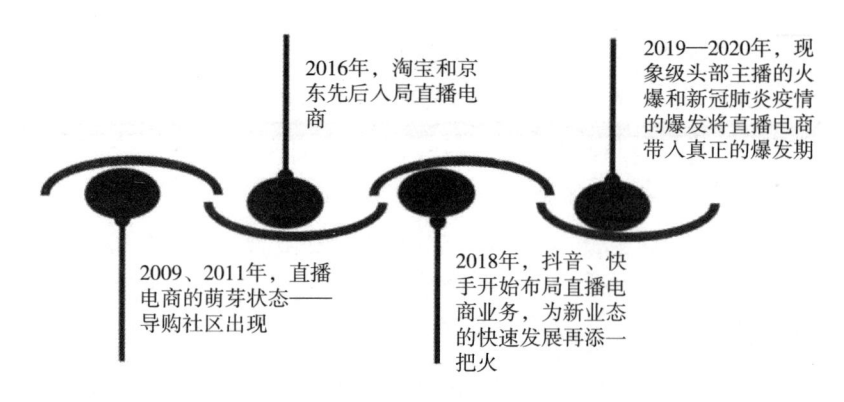

```
2009、2011年,直播          2016年,淘宝和京        2018年,抖音、快       2019—2020年,现
电商的萌芽状态——     东先后入局直播电      手开始布局直播电      象级头部主播的火
导购社区出现              商                     商业务,为新业态       爆和新冠肺炎疫情
                                                的快速发展再添一      的爆发将直播电商
                                                把火                   带入真正的爆发期
```

图 2-2　直播电商的发展时间节点

（2）直播内容的丰富发展。

直播内容开始丰富化，大体上可以分为三类：

第一类是内容直播或知识型直播。这类直播强调知识性，类似于网络课堂。游戏直播、泛生活直播在本质上也属于内容直播。

第二类是社交直播，包括秀场直播等。这类直播以泛娱乐为主，强调社交属性。

第三类是商业直播，是以产品营销或品牌推广为主要目标的直播类型。这类直播强调商业推广。

因此，从直播本身的发展看，形成了内容广泛的直播模式，使直播成为一种主流的互联网应用。根据中国互联网络信息中心的报告，截止到2020年底，网络直播用户达5.6亿，渗透率达到62%。而根据中国电信的监控数据，网络直播应用的使用时长占比已达到7.3%（见图2-3）。直播电商则成为直播商业模式变现的一个重要方向。

直播电商的核心仍是电商，直播只是为了抢占市场、扩大客户群、增强消费者体验而展开的一种业态创新。这场渠道业态变革的突破点在于网红主播这一角色的出现，它把媒体、娱乐、文化、生

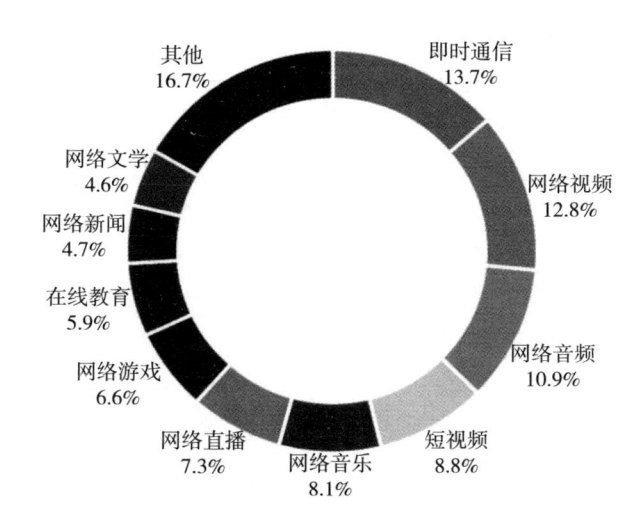

图 2-3 直播内容各类应用的使用时长占比

资料来源：中国电信，2020.12。

活等诸多新元素带入渠道推广和品牌打造中，具有在线互动、热线连接以及生动化、场景化、人格化、娱乐化、情感化、体验化等特性，从而使消费者及参与者耳目一新。直播电商的关键点在于它把多种体验、多种场景融合在一起，从而解决了传统电商在发展过程中遇到的一些痛点和难点，从而推动了电商商业模式的升级。直播电商产业链可见图 2-4。

从历史沿革看，直播电商的很多特点，例如，注重内容营销、重构信任机制等，在早年的一些电商平台中已有雏形。直播电商正是在这些模式雏形的基础上，进一步扩展而形成的。2009 年，美丽说作为由内容驱动的社区型导流平台开始上线。到 2011 年，基于这一商业模式的蘑菇街也开始上线运营。在这些导流平台中，很重要的一个方面是提供关于商品的评论信息，并分享到社区中，还可以将这些信息进一步转发到微博、QQ、豆瓣等流量型平台，从

```
         商品            服务
  上游  →   中游   →   下游
```

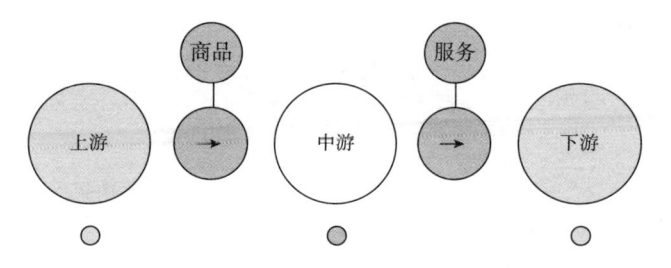

商品供应链为核心，包括品牌主、批发商、工厂等

直播机构：从秀场机构、MCN机构、电商机构等遂步转型演变而来
服务商：提供供应链资源、品控、数据服务、代运营、场地等服务

直播平台：淘宝直播、快手直播、抖音直播等
流量平台：淘宝、快手、抖音、腾讯等

图 2-4　直播电商产业链

资料来源：网络公开资料。

而扩大内容电商的影响。

（3）直播电商模式的进化。

早期以内容为驱动的导流平台发展模式，为直播电商的发展奠定了基础。这些进化模式有四类：

第一类，"种草模式"。这是由专业用户创作关于商品的专业内容（professional user generated content，PUGC）。这些内容相对中立，而且从专业视角对商品的使用体验、商品的特征、商品的品质等进行剖析，从而受到了普通用户的欢迎。这些模式强调直播内容的质量，通过内容分享带动。

第二类，"分佣模式"。这是导购分佣激励的商业模式，形成了网红带货的基本模式。它主要利用网红的流量，通过电商模式推动网红流量变现。

第三类，"网红模式"。越来越多的时尚博主、专业网红用户开始进驻导购社区，并成为关键意见消费者（key opinion consumer，KOC），在给消费者带来专业指导的同时，从商家处分佣，从而走通了网红经济的模式。网红模式主要是利用网红的专业能力，解决消费者的痛点和难点问题，解决商家信息传递过程中的信任机制问题。

第四类，"内容电商模式"。消费者开始通过导购社区参与消费过程，甚至参与整个商业运作，使得消费者的主权真正落到实处。这种模式在现有的电商平台中仍然较为少见。可以预期，随着消费者在直播过程中的参与度越来越高，内容电商模式也将占据主导地位。

内容电商的这些特征，包括通过专业内容给消费者"种草"、网红和商家直接分佣、KOC通过带货实现网红经济变现、消费者全程参与等，与当前火热的直播电商非常契合。

在这个过程中，平台或主播利用内容用户的黏性，加大流量运营力度，以及在直播场景中对用户的场景营销，将内容无缝地嵌入到直播营销过程中。这对直播电商是一种进化。一些新的内容平台，在切入直播电商的过程中，对内容非常重视，利用内容制造消费场景，从而推动了以直接销售商品为主的直播电商向着下一阶段演化。

直播电商兴起后，很多人惊呼看不懂直播电商。按照马云的说法，任何一次商机的到来必将经历四个阶段——"看不见"→"看不起"→"看不懂"→"来不及"；任何一次财富的缔造必将经历一个过程——先知先觉经营者、后知后觉跟随者、不知不觉消费者！现在，直播电商对很多经营者而言，正处于看不懂、来不及的时间窗口。

核心要点

直播电商缩短了消费者的购买链路，具有跨越时空性、深度互动性、高度引爆性、用户精准性、引发共鸣性等特点。

二、营销与传播的完美结合

1. 直播营销的优势

网络直播的发展对我们的生活方式、社交方式和工作方式产生了极大的影响。网络直播作为一种比较新的产品营销方式,有着其他营销方式无可比拟的优势,因此具有很强的潜力和生命力。

(1)营销反馈性更强。

传统营销是通过提高信息到达率来获得更多的关注,这种单向的传播形式无法得到及时的反馈,尤其是商家不易及时接收受众获得广告信息后的反应。而直播营销过程中直播与售卖活动能够同时进行。

受 2020 年新冠肺炎疫情影响,一些原定召开的新品发布会改成了线上展示。云发布会不仅避免了人群大量聚集所带来的风险,还节省了商家在场地、人力等方面的费用。2020 年 2 月 13 日,小米 10 的新品发布会是淘宝直播首场"云发布会"(见图 2-5)。在直播的过程中,观众能通过弹幕进行留言,并提出自身的疑惑,主办方通过即时的互动对观众进行解答,让潜在用户直接在直播页面点击链接,实现购买。

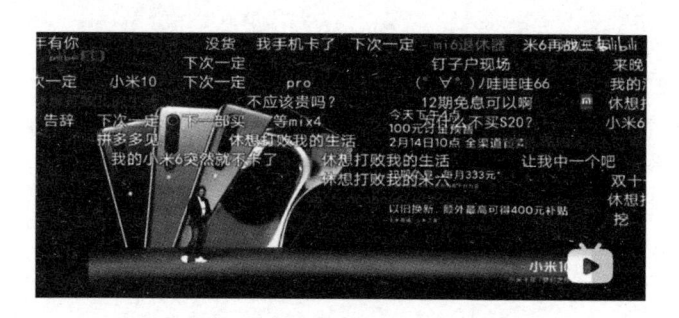

图 2-5 小米 10"云发布会"观众弹幕

可以看出，首先，直播营销中受众的即时反馈，提升了营销的精准度。例如，直播受众发布的弹幕，可以让营销者实时接收营销反馈，在第一时间调整策略，增强营销效果。其次，信息传播者与信息接收者可以进行实时互动，促使营销方向更精准。

> **核心要点**
>
> 传统营销中，消费者是"沉默者"，他们只能"用脚投票"。而在直播营销中，消费者是"参与者"，消费者的声音可以及时、精确地传达营销者的耳中。

（2）营销手段更灵活多样。

网络直播营销的优点在于将互联网信息技术高效利用起来，并将"传统媒体"要素融入其中，通过各种营销造势手法，将分散在网络各处的注意力吸引到平台的特定时段。这种方式与传统电视栏目的不同之处是，直播受众可以与主播进行实时互动，手段更加灵活多样，有效增强了营销效果。

革命老区光山县距武汉约200公里，疫情防控压力大，疫情防控也为种植业主产品销售和消费者生活必需品购买带来了不便。2020年，光山县副县长邱学明抓住机遇，及时组建"易采光山"网上销售平台，有效解决了疫情防控期间农副产品销售渠道不畅、城乡居民生活物资购买难的突出矛盾。

在直播过程中，观众虽然不在现场，但其注意力却完全投入场景中，并在场景中建立彼此间的身份认同。观众沉浸其中，进而转变为"粉丝"。

经邱学明在网上带货，各类当地特色农副产品上线一周就实现

直播的逻辑

网上销售额 50 万元。他在网上销售草莓的直播短视频阅读量近 700 万,被粉丝们称为"网红县长"(见图 2-6)。十里镇正和农业合作社库存鲜鱼 60 万斤左右,2020 年 2 月 19 日,在邱学明的直播推销下,现场捕获的 6 000 多斤鲜鱼很快在网上被订购一空,让在场的合作社员工现场"震撼"了一把。

> **专栏:笔者团队采访邱学明实录**
>
> 做直播就是要坚持。我每天在上班之余,坚持直播至少三个小时。
>
> 要开发本地特产,面向全国群众。但是,在售卖过程中,要注意粉丝的特点,强调产品的卖点。
>
> 在直播间要解决粉丝的实际问题。与粉丝不仅是营销关系,更有大量的互动。

图 2-6 "网红县长"邱学明现场直播卖货

> **核心要点**
>
> 人都是感性的，很容易受到环境的影响。直播营销的主要功夫都在"营"上。营造了好的氛围，将消费者拉进来，"销"就是自然而然的事情了。

（3）营销在市场竞争中生命力更强。

传统的营销方式往往由于成本高且推广形式单一，在时空上受限制，导致营销的生命力较弱，难以持续进行。在网络直播中，主播可以更加深入地对产品进行全面的介绍，营销生命力较强。

与传统贴片广告以及电视推广相比，网络直播不按时间长短计费，具有成本低、方便快捷的优点。有别于平面广告，视频广告每一刻都在发生变化，并通过接连不断的画面变化持续地吸引受众的注意力，以提高信息传播效率。另外，直播中的弹幕内容由于随意性较强，让直播更富有趣味性。即使直播内容看上去比较无趣，但是受众内心的游戏天性得到了释放。

直播的娱乐特性也使营销生命力更强。抓住碎片化时间的最好方式，就是娱乐。娱乐本身不是一种营销方式。由于社会的进步，在满足最基本的生存与安全需求之后，消费变成了一种感觉效用，大家更享受购买过程的幸福与愉快，从此，娱乐成了一种经典的营销方式。从直播电商来看，直播本身就具备了丰富的娱乐特性，将这种特性与商业联系起来，会使营销的生命力更强。

> **核心要点**
>
> 兼具灵活性、成本低、娱乐性，仅一部手机就可能塑造出一个超级直播网红，创造一个网络带货神话，这就是直播电商的竞争优势所在。

(4) 营销集聚能力更突出。

网络直播隶属于网络社交的一种，由于受众在直播过程中主动关注直播内容，通常情况下会让营销效果更加凸显，"直播最大的优势就是可以快速聚粉、沉淀和互动，然后进行二次营销"。在整个网络传播过程中，用户是以自我为中心的信息源，通过不断聚集和互动持续地吸引更多消费者参与其中。在网络直播中，用户参加的主动性与积极性，能让传播信息的接受度逐渐提升。此时，直播内容所具备的立体体验、趣味体验，较好地被受众接受，他们也就更愿意去转发、点赞，从而实现产品的营销，达成产品宣传的最终目的。

在2020年的"6·18"期间，淘宝直播销售模式无疑是宣传产品的一大重头戏，参加天猫"6·18"的商家所增加的粉丝共计2.6亿人，其中华为和荣耀加在一起共增粉4 725万人。荣耀总裁赵明、华为手机产品线总裁何刚都在淘宝直播开启直播带货模式，全面介绍自家机型、宣传"总裁同款"机型等，营销手段层出不穷。高管亲自下场，拉近了与用户之间的距离，让用户对品牌更有亲近感，这种做法让华为旗舰店的粉丝直接增长了10倍。这不仅是因为华为过硬的产品质量和强大的自研技术，更重要的是厂商官方对淘宝直播销售模式的重视。

> **核心要点**
>
> 直播最大的优势就是可以快速聚粉、沉淀和互动，然后进行二次营销。粉丝不但是直播的观看者，而且是直播的传播者，因此，要发挥粉丝的价值，使营销的集聚能力更好地发挥出来。

2. 直播营销的传播特点

直播具有实时互动、超大流量、用户广泛等特点，改变了现有的电商营销链路。

现有的电商营销链路遵循的是"ISMES"模式。也就是说，消费者从兴趣（interest）开始了购物之旅，在消费者对某种商品或服务感兴趣之后，其就会到线上搜索（search），之后依托移动支付或移动购物技术（mo-payment），到线下体验（experience）和购买，在使用之后就使用心得进行分享（show/share）。

直播对这个链路进行了修改，将链路缩短为"I—B—S"模式，也就是从兴趣（interest）直接跳到完成购买（buy），再将使用体验进行分享（show/share）。这是因为直播团队已协助消费者完成了搜索（search）与体验（experience）过程。

（1）跨越时空性。

直播能够最大限度地缩短传收时间、零距离互动。从最早的贴吧、论坛到博客、微博、微信，再到今天的网络直播，网络媒体带给人的最大的震撼就是不断突破时空界限。基于网络技术手段的飞速发展，实现了实时在线展示，并且还能与观众实时互动，极大地满足了用户随时随地接收信息的需求。

直播跨越时空的特性甚至被用到了对体验性要求非常高的旅游

行业——"云旅游"。在新冠肺炎疫情之下,包括故宫博物院、中国国家博物馆在内的各地博物馆相继闭馆,而多项原定于春节期间的文化展览也被迫取消。用线上直播的方式展出,是一种贴近观众的新鲜尝试(见图2-7)。

图2-7 数字敦煌首页

资料来源:https://www.e-dunhuang.com/。

国家发展改革委等2020年7月15日发布的《关于支持新业态新模式健康发展激活消费市场带动扩大就业的意见》明确指出,鼓励文化旅游等领域产品智能化升级和商业模式创新。这说明,在中央看来,旅游智能化升级和商业模式创新是一种重要趋势。这种跨越时空性,使得观众能全面了解产品或服务的信息,极大地方便了消费者。

核心要点

网络直播的跨越时空性在疫情期间发挥了巨大作用,网络直播也不再局限于直播带货,许多行业都能搭上"云"快车,与传统线下业务互补互助。

(2) 深度互动性。

观看直播的用户可以通过实时发送弹幕，或者给主播点赞、送礼物等方式进行互动交流。直播的互动具有真实性、立体性，参与感发挥到了极致。直播营销突破了传统大众媒介的单向传播，使实时的双向互动传播成为可能。通过直播可以实现信息的同步，增强用户的场景融入感和身临其境感，提升用户的参与度，加深用户对产品的形象与文化认知，提升产品的知名度。同时，通过用户及时反馈对产品、服务的态度和偏好，可以有效地引导产品的未来发展，最终实现营销目的。

还有一个不能忽略的问题是，直播间以及粉丝群里，粉丝之间的互动也非常有价值。关注粉丝之间的互动，不仅能让直播团队更全面地了解商品的使用体验，还能根据粉丝之间的互动，对直播选品进行更为有力的改进。

以来伊份公司在2017年的"6·18"活动为例，当时来伊份邀请了40位人气主播在自有App和某直播平台直播，打造"一千零食夜"直播泳装零食狂欢聚会。时长3小时的直播，仅一直播平台的观看人次就达到了5 786.7万，点赞量超过了3 100万，直播中首次亮相的来伊份App账号下就聚集了300多万观众，粉丝增长量超过16万人。当晚，来伊份订单成交量力压同类品牌，销售额同比增长238%，来伊份商城App在App Store购物类搜索榜单中提升了近15名。这次直播，来伊份以"一千零食夜"作为传播主题。微博上"一千零食夜"话题一经发布，便迅速吸引不少粉丝转发评论，一度冲上热门话题排行榜第二名。直到直播结束，话题阅读量超过一亿，品牌声量迅速扩大。

直播现场还融入"Video＋直播"新型屏内互动技术和投票、红包、边看边买等互动功能。差异化的直播内容、趣味性极强的直播互动技术，增强了直播秀的观看黏性，让平台与主播根据用户对商品的不同需求实现更好的互动效果,刺激流量最终转化。

> **核心要点**
>
> 直播营销完全打破了传统营销过程中"我说你听"的单向营销过程,粉丝与主播、粉丝与粉丝之间的互动形成了直播营销的多向沟通,实现了沉浸式深度营销。

(3) 高度引爆性。

直播具有实时性、真实性的特点,能够满足用户的窥探欲和猎奇心理。通过网络直播,顾客可以实时观看主播的行为,不得不说一场成功的网络直播就是一次现场直播的事件营销。除了本身所具备的宣传效应,网络直播内容的新闻效应也异常凸显,引爆性也更强。因此,直播电商这种模式,本身具备了打造爆款的潜质和条件。而粉丝的冲动购买、主播与品牌商之间达成的特殊优惠条件等,则是打造爆款的重要实现条件。

2020年4月1日,罗永浩在抖音平台开启个人首次直播卖货活动,销售额超过1.1亿元,累计观看人数达到4 820万人,关键词"罗永浩"的热度在4月1日直播当天飙升,"罗永浩口误""罗永浩鞠躬"等话题也拥有较高的网络热度,事件引起舆论及网民的广泛关注(见图2-8)。

高度引爆性意味着直播电商需要更快的速度。由于直播电商的特性,爆款的延续时间并不会太长。很少有一个直播间能够靠一款爆款维持多次直播的,这决定了直播团队必须有持续创新选品的能力。而与之相关的生产模式要适应直播电商。

从本质上看,与工业经济侧重于大批量、标准化生产,以使成

图 2-8 "罗永浩鞠躬"

本降低到最小不同，信息经济更加注重速度，而速度要求具有柔性化的生产能力。这个时代将会是小而美的时代：个性化定制、柔性化生产、碎片化、小批量、高频次、大规模的经济，交易成本极低，个体的力量将改变工业革命时代生产所带来的盲目和过剩，从而实现精准营销。这个过程需要各方有更快的反应速度与更强的协调能力，这是直播电商非常重要的一个方面。

> **核心要点**
>
> 直播带货本身就具有打造爆款的潜质，这是传统营销所不能比拟的。但同时，直播带货的引爆性特点又不稳定，因此，在带货主播及营销人员对爆点的发现、把握和引导能力上提出了更高的要求。

（4）用户精准性。

营销的本质是寻找，就是帮商家寻找合适的消费者，帮消费者寻找合适的商品。在传统营销时代，消费者与商家都缺少信息，商家必须想尽办法（例如广告推广、铺开店面等），让消费者感知并接触到自己的商品或服务。

通过广告方式精准寻找用户的效率非常低。直播电商依赖于用户的主动行为，能够使营销费用的支出更为精准，减少了营销过程中的浪费。这也是为什么直播间的商品价格能够如此低的一个重要原因。

随着智能手机和移动 5G 的普及，随播随走的网络直播传播模式得到大肆推广。网络直播的进入门槛低，迅速积聚了大批用户。不仅如此，网络直播需要用户在某一特定时间进入直播间，这种行为是用户主动选择的结果，因此具有高度精准性。能够精准识别忠诚度高的目标用户，可以帮助品牌迅速抓取大批优质用户。

从主播的视角看，与粉丝的互动沟通是保证营销精准性的重要方面。薇娅在直播过程中，经常与粉丝进行互动、沟通，不仅能了解用户的需求、产品意向，还能加强与用户的黏性，提高转化率。

> **核心要点**
>
> 不同于传统营销要主动寻找目标客户，直播营销是顾客主动进入直播间，使得主播直接面对的就是精准顾客，减少了寻客的成本，大大提高了成交率。

（5）引发共鸣性。

第一，直播营销从平面宣传到立体定向宣传的转变，更容易引发共鸣。

一方面，从文字、图片、视频，最后到网络直播，其表达的感染力在不断增强。网络直播相比其他的媒体平台传播方式更能激发用户的情绪，使用户沉浸于传播的内容中，加深了用户对企业和产品或服务的印象。而直播间的营销氛围、粉丝互动、限时限量的紧迫感，令消费者不自觉地产生了购买行为。另一方面，在互联网环境中，"碎片化""去中心化"使人们的情感交流越来越少，人们渴望沟通却又怯于表达。网络直播能够把一批拥有相同志趣的人聚集起来，凭借共同的偏好使之达到高度共鸣。直播营销正是依托这种立体定向的宣传，使直播间的粉丝产生共鸣，从而完成购买活动。

例如，直播间的宝妈主播们，在解说婴幼儿产品时，透露自己也给孩子使用过，这样就容易引发共鸣，让消费者愿意深入了解产品的特性，并完成购买过程。

第二，直播营销从满足需求向挖掘需求转变，从而引发共鸣。

直播营销通过各类小圈子的建立，深度挖掘消费者的需求。在日常生活中，消费者受限于自身知识、产品本身等各方面，并不能完全表达自己的需求，甚至都不完全清楚自己的需求。在直播间的小圈子里，通过相互学习与启发，消费者将更清楚自己的需求。

例如，在直播间销售一次性洗脸毛巾，可以从近期曝光的一些高星级酒店在卫生方面存在瑕疵的情况出发，从而引发粉丝对酒店服务的共鸣，主播再推出性价比高的一次性洗脸毛巾，就能够把消费者对一次性洗脸毛巾的需求挖掘出来，从而完成营销过程。

从直播营销过程来看，要使消费者产生共鸣，一定要先找到共鸣点。在这个方面，要重点根据主播人设、产品特性、粉丝特性等进行分析。例如，在直播间的粉丝如果大部分都是职场男性，那么在售卖产品时要从性能出发，找到共鸣点。如果大部分都是宝妈，那么，将共鸣点选择在育儿、教育、美容等方面则容易找到共同点。

> **核心要点**
>
> 在直播间内聚集的同类消费者之间非常容易产生情感共鸣,此时的直播间就像一个社团,消费者可以在这种氛围下自发地完成学习、互动、购买等过程。

三、直播电商本质上是一门科学

直播电商是从娱乐直播、秀场直播、游戏直播、泛生活直播等发展过来的。但是,直播电商并不是一种娱乐模式,而是一门科学,是将广告、营销、消费者心理、信息科学、互联网流量等多种知识综合在一起的科学,也是将内容与营销、品牌、消费者权益等无缝融合在一起的科学。这决定了直播电商并不能完全走秀场直播等模式,在表现形式、获客、流量应用等多个方面,都与秀场直播等有着本质区别。从产业链看,直播电商的产业链环节包括平台、用户、主播、MCN机构、供应链、品牌方、内容电商整合营销机构和服务支持共8个环节,这远比泛娱乐直播要复杂。

1. 直播电商是流量汇聚与转化的科学

不论电商采用什么样的模式,很重要的一个问题都是流量问题。有流量才有消费的可能性,这是基本的商业逻辑。随着智能手机及宽带网络的普及,碎片化、轻量化的应用成为一种刚需,从而使流媒体开始爆发;尤其是短视频和直播等,更成为近几年流量增长最快的应用。直播电商将电子商务和具有互动性、娱乐性等流量汇聚特征的直播联结起来,具备了流量汇聚的基础。

（1）直播电商更好地汇聚流量。

直播自带流量的特点，加上丰富、生动有趣的直播玩法，以及内容的丰富性、生动性与互动性，能够为流量接近天花板的电商带来新的流量。很多电商平台通过直播玩法，引进了很多站外流量，这说明直播电商在流量汇聚方面仍具有较大的潜力。

从直播电商发展历程看，刚开始是店家自播。这类直播就是将商品的信息更丰富化、直观化，相当于创建一个更生动和互动性更强的商品详情页。而在这个过程中，很多主播开始快速成长并向网红、达人蜕变。店播的网红化，加上平台的扶持，使早期成功的顶级主播开始汇聚大量流量，其直播的产品也远超店铺的范围。这一部分人开始将电商平台上的无效流量（即点开电商平台的网页或打开电商平台的 App 但没有下单购买的用户）转化为有效流量，汇聚了更多的流量到平台。另外，随着短视频平台的兴起，沉淀了大量流量，但缺乏高效的变现通道，同时形成了很多具有流量优势的头部主播。这些主播深度参与电商行业，给电商行业带来新的流量和玩法。随着这些流量向直播电商转换，电商平台的流量将进一步增加。

（2）直播电商提高流量转化率。

直播电商另一个方面的问题是提高流量转化率。商家面临的一个问题是流量转化率太低，现有的图文电商在流量转化率上有待进一步提升。"流量—转化—沉淀"呈现单向的漏斗逻辑。夸张的流量漏斗模型认为，流量转化率可能只有万分之一（见图 2-9）。通过实证分析发现，电商的真实流量转化率也就只有 1‰～5‰，这说明流量转化仍有较大的提升空间。

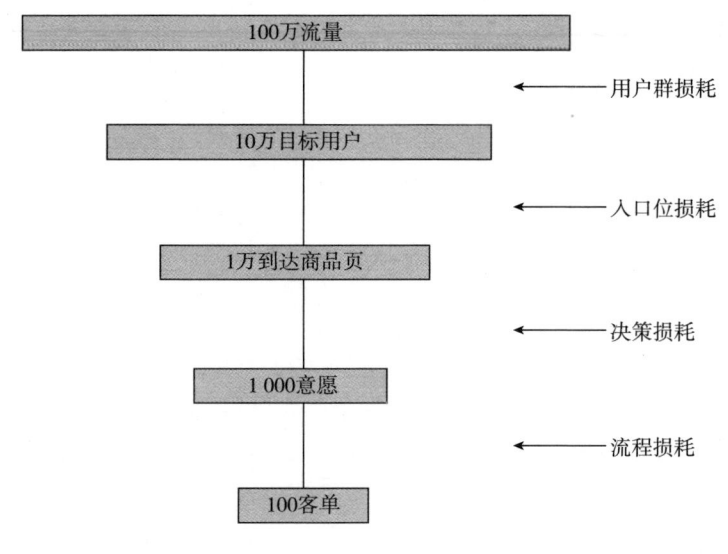

```
        100万流量
           |
           |  ←——— 用户群损耗
      10万目标用户
           |
           |  ←——— 入口位损耗
      1万到达商品页
           |
           |  ←——— 决策损耗
       1 000意愿
           |
           |  ←——— 流程损耗
        100客单
```

图2-9 流量漏斗模型

直播电商提升转化率的方式包括：

第一，视频本身具有丰富性和生动性，能提升转化率。例如，美国视频电商Joyus曾经做过一个分析：通过优质视频来推广商品的转化率，会比传统图文展示的方式高5.15倍；视频观看者购买商品的次数，为非产品视频观看者的4.9倍。

第二，直播电商的社交属性，能提升购买意愿。直播间本身具有强互动性和社交属性，并产生群体效应，从而增强消费者的购买意愿。羊群效应理论（the effect of sheep flock）表明，领头羊的行为对羊群行为具有非常强的带动作用。在直播间里，当有一部分粉丝开始下单时，往往会推动其他粉丝的跟随行为（见图2-10）。这产生了大量的非意向性购买，也提高了电商的流量转化率。

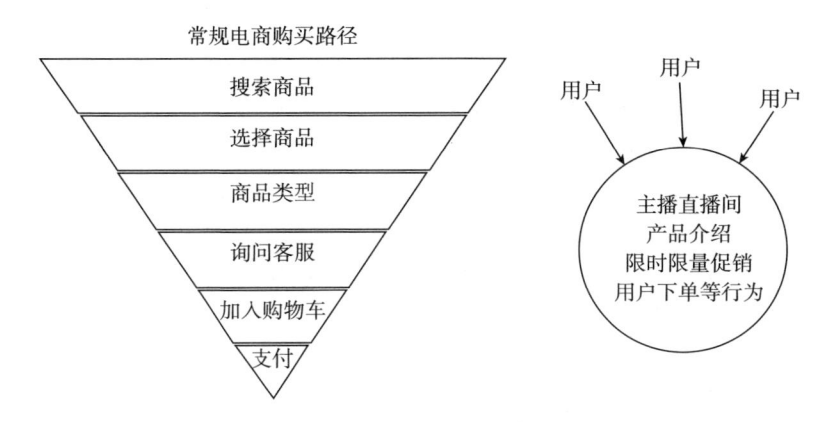

图 2-10　直播电商与普通电商购物路径的比较

资料来源：网络公开资料。

第三，有效挖掘用户的潜在需求。在直播间的观众里有相当一部分是无目的的用户，这些用户对商品可能有潜在的需求。这些用户看到商品直播之前，可能并没有明确的购买意愿，但看到直播之后，就产生了购买的冲动，并完成了购买行为。如何引导这些用户完成购买行为，是直播电商未来需要突破的一个重点。

有调查发现，在一些知名主播的直播间里，有30%的购买属于事先无目的购买类型，这说明了直播在流量转化方面的巨大潜力。这些无目的购买可视为一次体验过程。体验消费与过去目的性极强的消费行为不同，消费者不再是简单地"为买东西而买东西"；体验变成了一种个人休闲行为，无目的、带有偶然性等是它的显著特征。换句话说，消费者只要随心所欲地去逛，感觉良好，就是一次"消费"。而直播电商正好带给消费者这一系列的消费体验。

> **核心要点**
>
> 直播电商能够为电商平台带来新的流量，也能够促使平台现有无效流量转化为有效流量。而在这个过程中，如何提高转化率是关键。很多泛娱乐直播的主播在进行电商直播时，对商品的介绍不专业，这是无法激发消费者的购买欲望的。

2. 直播电商可发展为兴趣电商

直播电商通过"商品数据化2.0"，将更多的商品相关数据呈现给消费者，在这个过程中，商品的呈现并不是一个单一的营销过程，而是通过内容激发用户的潜在兴趣，从而推动转化、购买的过程。这个过程，被抖音等泛娱乐平台称为"兴趣电商"[1]。兴趣电商是直播电商的底层逻辑之一[2]，也是电商模式创新的一个重要方面。目前，很多以内容为基础的直播平台，尤其是一些泛娱乐平台，在兴趣电商方面有着大胆的尝试。

以兴趣为基础的直播电商很多时候是先让消费者通过观看直播产生兴趣，再发现与其兴趣相关的商品，从而推动购买行为。这一底层逻辑，说明直播电商与原有的电视购物、图文电商等有着巨大的区别。

从消费场景看，直播电商发生在兴趣场景，扩大了电商的流量来源。在这种场景下，直播电商更关注商品能够满足消费者兴趣的程度。直播电商在将商品数据化的同时，除了像图文电商一样提供丰富的参数、图像之外，更为重要的是在商品数据化的基础上，使

---

[1] 参见抖音电商和贝恩公司发布的《2021抖音电商商家经营方法论白皮书》。
[2] 直播电商的另一底层逻辑是需求汇聚，相当于我们所说的"货带人"逻辑。

数据更有温度。基于兴趣的电商，使商品数据和人的兴趣联系起来，使商品数据和社交联系起来，从而实现了"内容—兴趣—购买"的循环。兴趣电商以"内容"为起点，这较传统的以购物欲望为起点的图文电商，在流量方面有了一个更大的拓展空间。抖音电商认为，这种"内容运营＋兴趣推荐"的经营逻辑，能够实现生意的"滚雪球"式增长（见图2-11）。

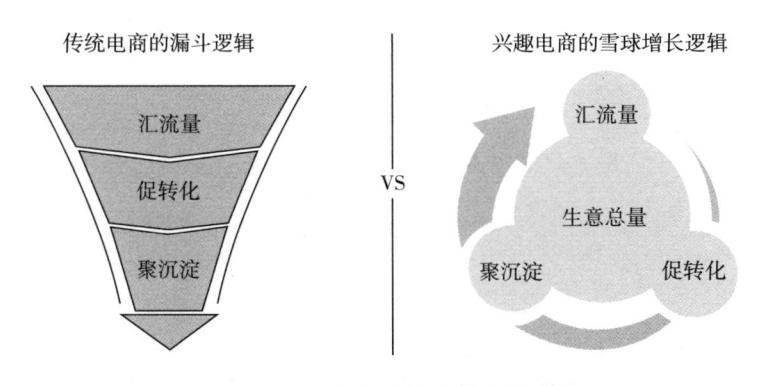

图2-11 兴趣电商的雪球增长逻辑

资料来源：抖音电商和贝恩公司发布的《2021抖音电商商家经营方法论白皮书》。

很显然，兴趣电商重构了电商经典的"人—货—场"关系链（见图2-12）。

在"人"的方面，其核心作用进一步显现。在购买之前，货品经由消费者感兴趣的内容触达消费者，使消费者的潜在购买欲望被激发出来，使消费者自身未明确意识到的痛点暴露出来，这是一种"发现式消费"，实现从"人找货"到"货找人"的范式转变。

在"货"的方面，直播过程中，商品的选择与主播的人设、直播场景等直接关联，商品无缝嵌入直播场景，直播内容将商品具象

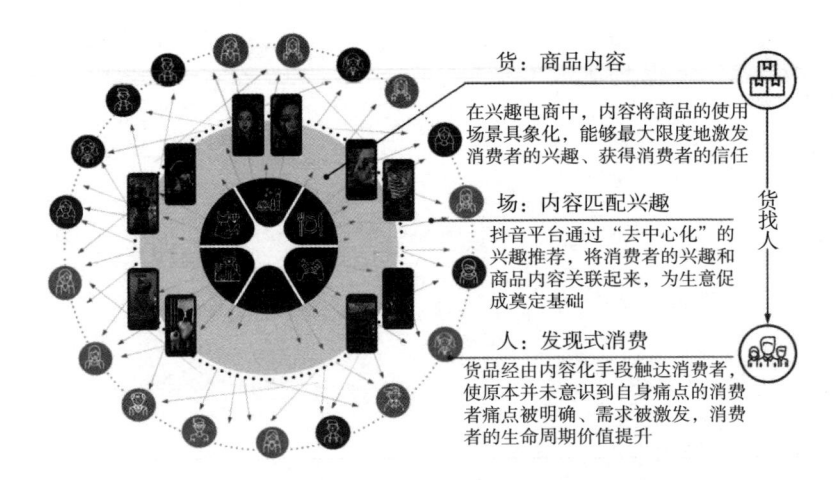

图 2-12 兴趣电商的"人—货—场"关系链

资料来源：抖音电商和贝恩公司发布的《2021抖音电商商家经营方法论白皮书》。

化，这能够使消费者潜在的购买欲望被释放出来。这一方面能够更好地激发消费者的兴趣，解决消费过程信任不足的问题；另一方面，直播过程本身会促进商品在性能、外观、功能等方面的进一步改善，从而提升直播间本身的效率。

在"场"的方面，直播将商品信息融入真实、生动的内容场景中，这种商品的内容化大大提升了商品信息的丰富度，使商品卖点和品牌故事得到更充分的展示，从而最大限度地激发用户的消费兴趣，并在同一场景下实现"品效合一"的营销目的。

立足于兴趣的直播电商对未来的电商发展具有重要意义。

一是兴趣电商有可能解决直播电商发展过程中"品效不一"的问题，实现真正的"品效合一"。在以聚合商品需求为特征的"货带人"直播模式下，很多时候主播会要求品牌商对直播给予一个特别折扣，虽然在直播间利用流量优势能够实现大销量，但这对品牌形象、其他营销渠道等都会造成冲击。而兴趣电商基于内容，尤其是主播对商品更为了解，对其应用场景等有着深刻的理解，商品的营销并不依赖于价格，而取决于主播的影响力以及由商品直播所形成的兴趣圈子。这样，有利于在直播过程中实现"品效合一"。基于兴趣的需求，能够带来消费者的新体验，激发消费者的新需求，带来的是一种消费新增量，对传统营销渠道的冲击也较小。

二是兴趣电商能够将消费者的力量更好地发挥出来。兴趣电商在直播过程中，通过互动、加粉、购买、复购等正向反馈，除了将消费者的购买潜力释放出来之外，更为重要的是，使消费者具有将商品传播给更多拥有相同兴趣的用户的动机和能力，这样，消费者的力量成为兴趣电商的一个重要特征。

三是兴趣电商本身会改进直播及直播商品。基于兴趣的直播模式，消费者并不是被动的信息接收者，他们会根据自己的兴趣，在直播过程中进行更强的互动，这些互动对直播过程的改进，乃至对直播商品的改进等，都具有重要意义。这与被动、信息传播式、推压式的传统营销方式有着本质区别。

四是以内容、兴趣为导向的电商模式，也将进一步增加流量运营变现的通道。很多泛娱乐平台集中了非常丰富的内容，形成了大量的流量。直播电商的引入，对因内容而形成的流量运营变现，尤其是私域流量，具有较大的价值。快手提出"直播电商2.0"，正是想将直播电商从单纯的商品或服务营销，转变为集私域流量、供应链、直播运营于一体的整体运营，这是一个值得关注的发展方向。

3. 直播电商是信息传递的科学

（1）直播电商是一种新型信息传递模式。

从本质上看，营销是一个信息传递的过程。高效地传递合需求、有价值、可信任的信息，是营销过程必须完成的基本任务。直播电商是一种新型信息传递模式，在这个过程中，信息在主播与粉丝之间实现了有效互动，从而提升了营销的效率。

　　值得注意的是，在这里我们使用了"信息传递"而非"信息传播"。为什么要强调"传递"而非"传播"？因为传递是信息输出方有目的地向信息接收方发送信息，而传播是信息输出方无目的地广泛散布信息的过程。直播电商与其他营销方式最大的一个区别是将信息传播过程针对粉丝精准化，从而实现向受众的信息传递，极大地提高了信息传递效率。

　　直播电商在很大程度上消除了用户对产品看不见、摸不着、感受不到的苦恼，主播会把商品的详情、优缺点、使用效果都用视频的方式展现出来，用户能够更为直观、全面地了解产品的属性和用途，实现所见即所得，避免"照骗"，降低试错成本。直播的实时性、互动性、双向性，让用户感受到"上帝般"的存在感，瞬间秒光的"抢到即赚到"的成就感，增加了购物的乐趣感。正是这些因素，消费者能够利用更丰富的信息，提升其做出购买决策的效率。

　　（2）直播电商为商家信息传递与消费者信息筛选困境提供了解决途径。

　　现在的电商发展正面临着信息传递与信息筛选的困境。

　　对商家而言，他们面临着信息传递的困境，也就是无法将信息有效传递给消费者。这是因为，大部分电商买家的购买基本上都以搜索为起点，而这一机制容易形成信息沉没。例如，在天猫上搜索"T恤"两个字，看起来搜索结果展示足有数千页。但事实上，绝大多数人只会看完第一页的商品，有耐心浏览完前3页的少之又少，导致海量商品信息被淹没。也就是说，在网络上如果做不到排前几名，那么商品被售出的概率就非常小。从这点来看，对大多数商品而言，电商的展示频次甚至不及线下的商场和批发市场。想象一下：一座有 50 个女装店铺的线下百货，每个店铺会有 100 以上的 SKU（货物最小库存单位），在消费者逛街的时候，这 5 000 款商品是会完全展示在其面前的。

对消费者而言，他们面临着信息筛选的困境。电商的发展，使消费者能够通过更多的渠道了解商品的信息，然而这种过多的信息渠道会使真正合需求、有价值、可信任的信息淹没其中，消费者的选择成本越来越高。网上看似丰富的商品，对消费者而言，会越来越难选择。

直播电商是解决商家信息传递与消费者信息筛选两难困境的一个可能途径。

从信息传递与信息筛选来看，体验式消费肯定是一个很好的方法。德国学者马蒂亚斯·霍尔茨在《预言大未来》中写道，在未来，经济发展将缔造一批新型消费者，他们将从勇敢的最终消费者成为体验先锋，他们将使用情感购物、感官购物、社会购物等，替代"个人消费"。适应这一需要，消费过程将变得更加深入、感情化与私人化。当这些体验先锋将其消费过程、经验、感悟等通过视频直播的方式进行分享时，这个信息传递过程将是高效的。

对直播电商从业者而言，将直播过程理解为一次信息筛选与传递过程非常重要。主播的一项重要工作是帮助消费者筛选信息，获得关于商品的更直观、全面且真实的数据，并以有效的方式直接传递给消费者，帮助消费者更好地了解商品，最终实现提高转化率的目标。

4. 直播电商是满足冰山下需求的科学

（1）需求的"冰山理论"。

电子商务开启了真正的消费者主权时代，消费者日益从注重产品功能转向注重情感、文化、时尚、潮流,转向注重产品带来的体验、价值,并从大众化商品转向追求多样化、定制化、个性化。

可另一个问题是,消费者多样化的需求可能是一种无法完全用语言表达出来的需求,这种需求可能需要在一个特定的环境下才会全面表达出来。或者说,消费者的需求只有在看到他所想要的商品时,才会被激发出来。正如《需求》一书中所言,真正的客户需求潜藏在人性以及一系列其他因素的相互关联之中。

弗洛伊德将人的精神世界分成了三个部分:意识、前意识和潜意识。三者相辅相成、缺一不可。

意识在人的精神活动中仅占据很小的一部分,和潜意识相比更加浅显和表层化,而人精神活动的主体恰恰是深藏在意识背后的潜意识。弗洛伊德提出心灵最本质的部分不是意识,而是潜意识。如果用"大海里的冰山"作为象征来理解,那么意识就好像显现在海面上的冰山一角。而深不可测、无法估算地隐藏在海面下的那部分就是潜意识,这个就是需求的"冰山理论"。潜意识是隐藏在意识背后、无法直接显现却对人的意识与行为有着根本推动作用的重大动力,包括人的感受、期待、渴望、观点等多个方面的内容。

(2)直播电商能挖掘"冰山下的需求"。

直播电商很重要的一个功能就是将人在冰山下的需求挖掘出来,并予以满足。如果从单纯的商品购买视角看,直播间的粉丝可以分为三类:

第一类,有目的性的商品购买者。他们在直播之前就了解到直播间将要销售的商品,并等待直播间的价格优惠。根据我们对消费者的调研,这类消费者并不占主导地位。

第二类,半目的性的商品购买者。这类消费者有一些模糊的购买目标,但并未完全确定要购买哪一种商品。例如,某个消费者可能想在直播间买一件衣服,但到底是购买 T 恤还是衬衣,是购买纯棉的还是混纺的,他可能并没有清晰的概念。当看到主播介绍 T 恤的各种优点时,他就可能会下单购买一件 T 恤。

第三类,无目的性的消费者。他们可能只是想到直播间看看。当某种商品的卖点符合其隐性需求时,他们可能会下单购买。例如,当主播介绍一种可以去除农药残留的果蔬清洗剂时,很多消费者会下单购买,尽管消费者在进直播间之前并没有想到要购买此类产品。

从直播间的商品销售来看,如何通过与粉丝的深入互动,使消费者沉睡的需求得以唤醒,是直播电商科学的一个重要方面。

> **核心要点**
>
> 消费者存在着大量的潜在需求,这些需求需要在特定的场景下被激发。直播间的氛围,容易使消费者进入感性的状态,并推动其产生非准备型购买,满足其潜在的需求。

5. 直播电商是信任机制建设的科学

(1) 电子商务的信任机制问题。

工业时代的经济,其本质特征是大规模生产"陌生人经济"。在"陌生人经济"的大背景下,实体店、标准化产品等具有非常重要的意义。实体店存在的意义是"跑了和尚跑不了庙",为商品的质量、安全等做了信任背书。而标准化使消费者能够信任不同商家生产的商品,也降低了交易成本。因此,原有的实体商业已建立了一套较为成熟的信任机制。

电子商务的发展将商品数据化,解决了商品信息的跨时空传递以及随时随地查阅、分享等问题。但从本质上看，电子商务并没有建立起相应的信任机制。为解决电子商务信任机制问题，现在有几种方案：

第一种，通过政府政策法规进行强制性的规定。例如，法律规定在网上购物可以 7 天内无条件退货。但以法律来保证信息的真实可靠仍面临很多问题，执行成本很高（对消费者以及卖家而言均有较高的成本，包括快递费、消费者的时间成本等）。

第二种，平台规则保证。电商平台需要通过一系列规则来确保商家发布的信息是可信的。例如，淘宝在发展初期通过支付宝进行担保的方式来制约商家，避免其发布不实信息。这种模式存在责任机制不清等问题。从运作模式看，当前的淘宝、天猫、京东等电商平台是以企业声誉为产品的质量做信任背书，而这些巨大的商业平台已成为虚拟世界的商业地产。除了没有实体店（其实，也有实体的仓储），其运作模式已与实体店没有本质区别。

第三种，平台以其自身的品牌优势创造信任机制。这种模式主要是平台建立信任机制，通过严格的制度确保商品信息与商品实物一致。例如，京东自营就是一种利用平台品牌来构建信任机制的模式。这种模式也存在着成本高、消费者选择空间较小等问题。仍以京东为例，京东自营商品的种类明显少于淘宝等第三方平台上的商品种类。因此，这种模式并没有将电商平台的优势完全发挥出来。事实上，在工业化时代，产品质量标准、品牌、商标等，都是为了建立信任机制而存在的，而我们看到，为了这些信任机制，企业和社会、消费者都付出了巨大的成本。

互联网并没有提供解决信任问题的机制。互联网上的数据信息过于泛滥，使真实数据、真实信息的价值开始显现出来。凯文·凯利指出，在互联网上，信息已经不值钱，最值钱的就是信任。

（2）直播电商提供了一种信任机制。

信任必须通过时间积攒实现，因此信任是一种无形资产，它在复制品泛滥的世界中具有的价值越来越高。直播电商提供了可信任数据机制问题的新解决思路。

第一种是合作型信任机制。这种合作体现在两个方面。一方面是主播与商品或服务生产者之间的合作关系。主播在直播间销售商品或服务之前，必须对商品或服务有充分的了解，与商家之间必须有一套基本的合作机制。另一方面是主播与粉丝或消费者之间的合作关系。直播电商的特定模式使主播与粉丝或消费者之间不是单纯的卖家与买家关系，而是一种合作共享关系，这建立了新型信任关系。正是这种关系，使直播电商不同于传统的电商模式。

第二种是知识型信任机制。主播如果具有关于商品的专业知识，这种知识不但能够吸引消费者在直播间长时间驻留，而且能够使主播以更可信赖的方式对商品进行解说，而不是单纯地说商品"好好好"，从而推动了购买。

在直播带货的过程中，主播就像线下购物的导购，通过对商品功能、使用体验等的专业讲解，给用户做出购物决策提供判断依据。其本质上是把搜寻、比较、测试等工作交给消费者信赖的专业人士负责，用消费者和主播之间一对一的信任关系，补充、强化消费者和品牌之间一对多的信任关系。

对于主播而言，其最重要的资本就是信用资本。信用不是作为生产要素投入，而是生产要素的一个转换要素，通过这种要素来整合经济资源，从而缩短营销通路，降低营销成本，这是直播电商与泛娱乐直播最大的区别之一。

泛娱乐平台开始注重信任机制建设的深度。例如，快手认为社区中的每一个用户，无论是内容生产者、内容消费者，还是商家、消费者都希望信任与被信任。尤其是在商业交易场景下，信任的价值体现得最为突出，是交易中最重要的东西，可以降低双方的成本。

在2021年3月26日快手电商引力大会上，快手电商业务负责人笑古就曾说，直播电商正在变革传统电商的信任背书模式，推动了消费者从"信平台"到"信卖家"的信任机制升级，从而扩大了电商的范畴，有可能重构整个消费交易生态。

基于此，快手"小店信任卡"于6月1日正式推出，这张线上卡片是快手极致信任机制的重要载体。据悉，信任卡包括了"退款不退货""退货补运费""假一赔十"等不同梯度的差异化权益。小店信任卡对于消费者而言是专属权益保障，对于商家而言则能降低用户下单决策成本，提升成交转化。当行业信任机制、产品信任机制和极致信任体系越来越多、越来越完善，终将促成快手电商的第二增长曲线。快手平台将互相信赖的消费者和商家关系沉淀在快手电商上，共同构建起快手极致信任社区。快手2021年第二季度财报显示，好物联盟电商GMV环比增加近90%，快手"小店信任卡"已覆盖超97%的用户。

具体到行业方面，以珠宝行业为例，直播电商平台上金银珠宝增长迅速，但是其中不乏乱象，使得用户下单时担心材质、克重、售后等问题。快手电商如何把用户购买金银珠宝的痛点解决呢？为此，快手电商针对珠宝玉石行业推行"真宝仓"，签约国内多家权威检测机构，让其驻仓对商品进行鉴定，并承诺打标订单"官方保真"。消费者下单前即可在直播间了解到，下单后商家将把商品送到快手珠宝仓内，由权威机构进行鉴定，出具专业鉴定证书，并将鉴定结果展示给消费者。只有当商品材质、实际信息与主播直播间描述一致时，珠宝仓才能发货给消费者。目前，快手电商已经在广州番禺、四会等地分别设立了专业仓库。

6. 直播电商是参与式消费过程

主播在直播电商中发挥着重要的作用。然而，主播与粉丝之间的关系既强大又脆弱。为了更好地维护与粉丝的关系，粉丝参与是极其重要的。可以说，直播电商的核心就是参与感。

在直播营销的整个过程中，粉丝都发挥着重要作用，他们既是商品或服务质量的评判者，又在消费过程中扮演着参与者的角色，他们将消费过程视为一种自我实现的过程。因此，在直播间以及后期粉丝维护过程中，都要重视消费者的参与。任何一个主播都不能忽略消费者的力量，要让消费者参与，而不是使其被动接受一个"高大上"的广告或者一段看上去有趣的视频。

直播电商的另一个方面是使消费者在品牌或产品忠诚度方面容易出现两极分化。一些品牌忠诚度非常高的消费者，非常关注直播商品的品牌，他们会与其他平台或渠道进行比价。所以，对这些消费者，主播要做的事情就是保证品牌产品的正规来源，并能够代表消费者与厂商谈判得到一个满意的价格。另外一些消费者则更相信产品的性价比、新奇功能等，他们只是消费者而不是品牌的忠诚者。如果主播能够找到更好的商品，他们可能成为主播的"铁粉"。

对直播电商的参与使所有观看直播的用户变成一个群体——一个可以相互交流的群体，不再是一个个没有产生连接的流量，彼此不知道彼此的行为。这种相互交流和相互影响，使冲动消费、非计划消费更加普遍。

直播与传统的促销方式最大的区别在于内容的引入。这就是娱乐化战略。娱乐是人类的天性。而随着社会全面小康化，娱乐需求将成为社会需求中增长最快的，也将成为直播引流的一个重要方面，而参与式的娱乐化直播内容将对消费者产生更大的吸引力。

有专家指出，娱乐文化标志着文化从一种严肃文化向游戏文化的转变。正是在忘乎所以的叙事游戏中，观众从实实在在的限制中解脱，通过对文本的认同，展现出他们的勇气和智慧，实现他们的光荣与梦想，同时在文本的情与爱、生与死、沉与浮中释放出他们被抑制的潜意识，他们暂时逃离屡受挫折的现实环境，主张和践行着弗洛伊德所谓的"快乐原则"。在这种背景下，社会出现了"一切都是娱乐"。

在互联网的推动下，娱乐文化已经全面泛滥，社会文化正在朝"浅"与"快"的方向发展。同时，各种亚文化、圈子文化流行。在泛娱乐化的影响下，儿童开始变得成人化，而成人变得儿童化。

关于直播电商，直播团队要进一步思考其直播设计与营销模式。在任何运营过程中，都要增加与消费者或用户的互动环节，都要适应这种娱乐化的趋势，强调参与感和场景感。任何细节设计都要考虑到"泛娱乐化"的因素，使产品更能直击人性，进而在直播过程中通过生动形象的方式，能够更进一步地将产品中的娱乐性表现出来。

在直播电商战略执行方面，需要明确电商直播过程中的重点问题，娱乐化是中心，碎片化、简约化、幽默化是基本点。产品的超级功能、性价比等特点，都要尽可能地通过娱乐化的方式体现出来。在直播过程中需要重视消费者的反馈，从而充分利用消费者的碎片化时间，达到与消费者进行充分沟通的目标。

核心要点

主播与消费者（粉丝）之间的信任关系既强大又脆弱，这说明直播电商建立了一种新的信任机制。维护好这种信任机制，意味着主播需要承担更多的责任和义务。

四、直播电商的基本原理

直播电商似乎给出了营销的一种新思路，很多人认为这种新思路代表了一种新模式。然而，从直播电商的基本原理看，这仍然是一种营销创新。

营销的核心价值观就是要将正确的商品在正确的时间以合适的价格交付到消费者手中。以这个价值观看，营销学仍存在着没有边界的创新空间。例如，怎么识别"正确的商品"？很多人认为，通过大数据可以将适合消费者的"正确的商品"识别出来。显然，这只是一种错觉。在任何意义上，正确的商品首先要符合消费者的需求；而针对消费者的需求，商家其实是最缺乏信息的。消费者的需求有时连消费者自身都难以准确地表达出来，需求要在一个特定的场景才能被充分发掘出来。在传统的营销模式下，这些场景包括广告、推销等。而直播电商，可以通过直播间创造一种消费需求场景，从而推动产品的营销。

1. 直播电商的争议：广告 VS 营销

（1）广告与直播电商之间的联系与区别。

很多人（包括政府主管部门的一些领导、业界人士）认为，直播电商并没有什么新奇的，只是一种新的广告媒介或渠道而已。例如，国家市场监督管理总局发布的《市场监管总局关于加强网络直播营销活动监管的指导意见》，就倾向于将直播电商作为一种新的广告模式。《网络直播营销管理办法（试行）》对此问题则相对模糊，认为直播间运营者、直播营销人员发布的直播内容可以构成商业广告（第十九条）。

广告强调的是如何将商品的信息高效地传递给目标受众（消费者），给消费者提供更多的信息，促使消费者做出购买决策。广告能够减少消费者的决策成本，提高营销效率，从而对厂商与消费者都有利。经典的广告强调提炼出独一无二的"产品卖点"，进而提升品牌形象，最终激活消费者大脑中的某一个特定需求。这一套逻辑是从产品特点出发，以产品的特点去撞击消费者的某一需求空白。

直播电商尽管也强调产品卖点等，但不单纯是一种产品广告。直播电商的核心是将营销过程压缩到直播间，而主播不是单纯代表卖家的利益，他充当了卖家和消费者之间的信任中介。直播团队还会根据消费者的要求，对产品进行各种独立的测试、试验、检测等消费体验，为消费者提供更为丰富、生动、真实、可靠的产品信息。而很多消费者是基于对主播的信任度，从而做出购买决策。在直播间里，原来一件件静态的产品变得活灵活现，主播赋予每件产品一定的生命力。在直播间里，用户面对的不再是一个个单调的文字说明和图片展示，而是主播生动详细的讲解以及对产品的试用。用户与产品之间的连接因为主播的存在，使营销变得更为丰富生动（见图2-13）。

1. 短视频种草完美击中人性的最本质

从众心理
"好多博主都在，我也试试。"

权威心理
"这个KOL是名校的专业博士，他推荐的准没错。"

求实心理
"博主用了确实白了，关键还很便宜，买来试试。"

2. 原生内容更能激发用户需求
短视频"可视化""场景化"的种草优势
从传统电商"计划性购买"到KOL种草"发现式购买"

52%
用户购物前会参考KOL种草帖

3. 加速"转化"决策
中腰部：基于同样的"消费者"角色，有一定的共鸣
头部：基于"爱豆"关注关系，产生认同及信任

33%
用户看到KOL种草帖后会发生消费

图2-13 直播电商的营销内容转化效果

(2) 直播电商的营销创新特点。

与传统的广告相比,直播电商作为一种营销创新,有着明显不同的特点:

首先,直播电商具有社交属性,而广告强调层压式推送。

无论是主播对粉丝的称呼(例如,薇娅将自己的粉丝称呼为"薇娅的女人"),还是直播间的互动,以及各种粉丝群,都说明了直播电商是一种新的社交模式。建立在社交基础上,使直播电商在运营模式上与广告有着巨大的差别。直播电商强调通过社交的模式,可信任地传递信息,相关的产品信息一般都比较平实,使消费者能根据产品信息做出购买决策。而广告强调层压式地推送信息,信息一般都比较突出,辞藻比较华丽,使消费者对产品或服务有着深刻的记忆,在特定场景下能够复原。

其次,直播电商是一种互动式的信息传递方式,而广告更强调单方面的、无目的的信息传播。

在互动模式下,主播可以根据消费者的提问调整直播间的话术,甚至让消费者参与到直播过程中。消费者也能根据直播内容提出相应的问题,并获得相应的解答。互动模式使消费者做出购买决策的路径更短,依据更充分。而成功广告所使用的模式,其实也具有直播电商的一些特征。例如,喜力啤酒曾做过一个广告:"我们的瓶子是真用蒸汽清洗的"。这个广告大获成功。但是,这个广告只是将一些基本事实告诉了消费者,因为在啤酒行业用蒸汽清洗玻璃瓶是基本的标准。广告将这一事实告知消费者,打消了消费者这方面的顾虑,来推动消费者的购买,但并没有更多的互动。

最后，直播电商包括丰富且全新的 CRM 模式[①]。

在广告模式下，无论是广告策划方还是发布方，都不负责 CRM。然而，直播团队，不但需要在直播间传递商品的信息，推动购买过程，更需要在后期负责售后服务等内容。同时，由于直播电商的社交属性，直播电商的 CRM 是常态化的，不但包括主播与用户的互动，还包括用户之间的互动，这种全新的 CRM 模式与单纯提供信息的广告有着本质的区别。

> **核心要点**
>
> 直播电商虽然通过主播对商品进行全新的介绍，但其基本原理上是一种营销创新。直播电商以主播为中心形成了一个新的社交圈层。通过互动式的信息传递，用户能够更全面地了解商品。而直播电商的营销模式使其也包括了全新的 CRM 模式。

2. 直播电商的价值在哪里

直播电商以一种互动式营销模式对众多消费者产生了吸引力，提升电商"人、货、场"效率匹配，为各参与方带来价值增值点（见图 2-14）。

阿里巴巴副总裁高红冰指出，"直播电商发展的动力在于商业创新和价值创造。从文字到图片，到短视频，再到直播，表面是网络营销方式的更新迭代，是一个个俊男俏女的主播们的推销，背后是满足消费者追求更真实、更可信的购物诉求。电商与直播融合，赢得消费者，不是靠表演，不是靠打赏，而是主播们专业化地为消费者推荐质

[①] CRM（customer relationship management），即客户关系管理，是一个不断加强与顾客交流，不断了解顾客需求，并不断对产品及服务进行改进和提高，以满足顾客需求的连续过程。

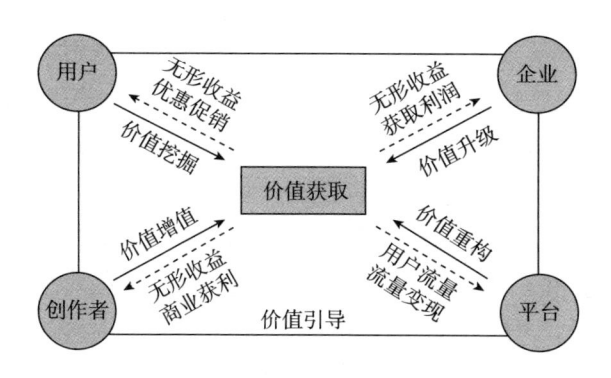

图 2-14　直播电商的价值创造

资料来源：欧阳日辉，《直播经济的价值与发展趋势》演讲 PPT。

优、价廉、可信赖的商品。这正是直播电商价值所在"[1]。

（1）直播电商解决人的体验问题。

直播电商给消费者和商家带来新的价值。需求端方面，直播及短视频体验丰富加消磨时间（kill time）的特性更契合低线城市用户的行为习惯，直播成为重要带货渠道顺应了网购用户下沉的结构性变化。由于体验的变化，消费者从主动消费变为被动消费，消费的决策流程更短，消费者做出决策的依据更丰富。

（2）直播电商解决货的利润问题。

直播电商的商业模式能否持续，其核心在于营销成本能否比现有的电商模式更低。供给端方面，现阶段直播相对低廉的流量成本和高 ROI（投资回报率），持续地吸引商家投入资源，而全网最低价大大增强了对用户的吸引力，促成了直播带货的爆红。从实践来

---

[1] 毕马威、阿里研究院，《迈向万亿市场的直播电商》，2020 年 10 月。

看，直播电商推动结算方式从传统电商的 CPC[①] 向 CPS[②] 转变，从而使营销效率有较大的提高。CPC 方式的出现是为了解决传统广告领域的一个经典问题：我们知道广告费有一半是浪费的，但不知道哪一半是浪费的。事实上，CPC 的付费模式并没有解决广告费的浪费问题，因为消费者的点击行为并不等于种草或者购买行为。之后，在互联网广告领域产生了 CPA[③] 的模式，但仍未能完全解决广告费的浪费问题。而直播电商一般都采取 CPS，这种方式的效果更直接，也能够避免营销费用的浪费。

（3）直播电商是解决信任机制问题的一种模式。

在传统的商业营销过程中，商家通过聘请代言人、向消费者传递信息等方式，建立消费者的信任机制。直播电商则通过新的方式来建立信任：一是利用直播构建眼见为实的方式，使电商能够像线下商业一样，让消费者通过自身体验建立对产品或服务的信任；二是将主播作为信任中介，用主播在粉丝中形成的信誉为产品或服务背书。也就是说，在直播电商购买过程中，消费者不是信任制造商或者经销商，而是信任主播的专业能力，包括主播对商品的消费体验、主播的选品能力及品控能力等。这种信任机制的建立，将有利于直播电商的价值实现。

长期来看，直播不仅是线上购物的媒介升级，更是流量和产业链效率的提升。主播的选品、对产品质量的口碑背书降低了消费者的商品选择成本，"产业带直播"加强了工厂商家 2C 销售的能力；在部分品类、用户群体中，工厂直发是更为高效的流通方式。

[①] CPC（cost per click），即按点击次数计费，是传统电商营销的一种方式。

[②] CPS（cost per sale），即以实际销售产品数量来支付营销费用。

[③] CPA（cost per action），即按照用户行为付费，这种行为可以是注册、咨询、放入购物车等。

我们认为，直播带货对传统电商有分流，但更多的是创造增量市场，将推动下沉市场电商渗透率的持续提升。直播电商具备很强的非计划性购物属性，虽然很多网红在直播前会在社交平台上进行预热，可更多的用户最初只是抱着"淘宝"的心态尝试进入直播间，然后受氛围"感染"开始"买买买"，这本身扩大了电商的规模和市场空间。

> **核心要点**
>
> 直播电商增加了一种新的中介模式，这种中介模式部分解决了营销费用浪费问题、消费者信任机制问题，丰富了消费者的体验，其价值将进一步体现出来。

3. 直播引流与流量变现

直播电商肯定需要引流，并通过产品销售实现流量变现。从本质上看，直播电商的流量变现，要实现从"单边网络效应"到"跨边网络效应"的转变。

"单边网络效应"一般是使用端的网络效应，也就是说：产品的销售量越大，对消费者的价值越大。最典型的是移动电话，当使用移动电话的人越多时，移动电话给人带来的价值越大。而全球只有一个人使用移动电话时，其电话功能就处于无价值状态。"跨边网络效应"则不同，主要是平台通过连接供需两端，使双方的价值都变得更大。例如，当主播的粉丝越多时，主播与品牌商的谈判能力越强，就能够为粉丝谋取更多的福利；而主播为粉丝谋取的福利越多，其粉丝增加得也就越多。因此，直播引流对于主播而言具有极其重要的价值与意义。

直播流量变现在本质上是通过商品营销收费的方式实现的。

"服务费+佣金"是当前常见的方式。对于很多刚涉足直播行业的网红而言,认识到"跨边网络效应"的重要性,对其进行直播流量变现具有重要的价值。

在"跨边网络效应"下,粉丝是主播最重要的资产,对这些资产进行长期维护是主播必须付出的成本。因此,在运营初期,流量变现的重要手段可能不是服务费或佣金,终极价值的实现应该是靠长期维护稳定的粉丝,从而实现流量价值的长期最大化。

> **核心要点**
> 主播不但聚合消费者,形成双边市场效应,而且通过引入内容和娱乐化的模式,增强消费者的临场感、紧迫感和参与感,从而实现流量变现。

五、直播营销模式举例

直播电商经过几年的发展,不断走向成熟化、专业化,内容不断细分化、垂直化,先是由一些专业的主播直播,然后发展到很多一线大牌明星参与其中。从最初的草根创作到后来的专业制作团队加持,直播电商逐渐走向成熟化、正规化,直播质量有了质的飞跃,选品也更加丰富多样。

1. 电商直播+明星

(1) 娱乐明星参与直播现象。

娱乐明星参与直播在 2020 年上半年最为明显。由于疫情,很多明星有了空闲档期。而直播电商在 2020 年也进入了爆发式增长期。因此，大量娱乐明星开始进入直播电商领域。

2020 年 5 月 9 日，演员刘涛在社交平台上宣布，自己正式加入阿里巴巴，成为聚划算官方优选官，进入直播带货行业。2020 年 5 月 14 日晚上，刘涛直播间的人气达到了 2 000 万人次，与薇娅相比仅差了几十万的人次，而李佳琦只有 1 300 万左右的人气。在本次直播中，刘涛促成交易总额超 1.48 亿元，总引导进店人次达 4 377 万。刘涛的首次开播，创下全网明星直播的新纪录。

除了刘涛之外，还有很多娱乐明星也加入了直播电商的风口。2020 年 5 月 16 日，演员陈赫直播带货首秀，携手风靡全网的红小厨小龙虾，霎时激起吃货抢购狂潮，红小厨小龙虾直播期间热销超过 19.6 万盒。

陈赫自带话题的体质及诙谐幽默的风格，与红小厨小龙虾契合度很高，为 5 月 16 日的成功奠定了基石。陈赫也做到了充分了解红小厨的品牌与产品特性，直播期间将可萌可霸的"吃货"人设展现得淋漓尽致，成功激起人们在夏日对品质小龙虾的需求，助力红小厨单场售出 580 万只小龙虾。

很明显，娱乐明星加入电商直播具有很大的优势。

第一，娱乐明星能迅速抓住消费者或粉丝的眼球，产生巨大的传播效应，其粉丝对传播的作用也是十分巨大的。

第二，明星大咖具有自带流量的属性，邀请与品牌、产品属性和风格相关的明星加入电商直播营销活动，会给直播带来巨大的观看量和成交量。

第三，娱乐明星的加入，本身会引发社会话题，形成话题效应，对品牌的传播具有一定的价值。

（2）娱乐明星能否成为电商直播主流。

从本质上看，娱乐明星的引流效应非常明显，但电商直播除了引流外，还需要引导成交。从流量到成交，娱乐明星能否掌控这个过程中的种种因素，是他们能否打造电商直播爆款的关键。根据笔者团队的调研结果，基本结论是：娱乐明星很难成为电商直播的主流。

以下因素会影响传播效果与成交量：

第一，营销活动的策划非常重要。直播电商是一种营销活动，而非简单的品牌宣传，需要从营销、用户、粉丝的视角进行策划。例如，选择的明星与品牌、产品的形象要匹配，价格上要有吸引力，赠品或者抽奖等环节的设置要合理，这些都是关系到营销活动的策划，也是将娱乐明星的流量转化为销量的重要因素。

第二，持续性的营销活动非常重要。直播电商很重要的特点是需要持续性的直播营销活动。即使是非常顶级的主播，每周直播一两次也是必不可少的，因为只有这样才能将粉丝留在直播间，增强与粉丝的互动，并保证选品的持续性。而很多明星，只是在片场休息间隙偶尔参加一次直播活动，缺乏持续性的参与，势必影响直播营销的效果。

第三，明星直播的内容设计很重要。从明星直播来看，初期可凭借明星光环和口碑来吸引用户。然而，直播电商的内容输出与娱乐秀场的内容输出有一定的区别，如果明星缺乏对产品的深度了解，这样的营销活动最终会被市场淘汰。

核心要点

娱乐明星具有自带流量的特点。在"直播＋明星"的组合中，需要注意明星人设与其所直播商品间的契合度，要与明星共同策划，使其对所带商品有更好的理解。

2. 电商直播＋个人 IP

直播电商不同于传统的海报营销或者普遍性的促销活动。真实性和实时互动的属性，是直播电商实现商品数据化 2.0 的重要方式。数据的真实性和互动性，使粉丝对直播电商背后"人"的因素有很大的兴趣，促使粉丝对特定的主播进行关注。随着关注度的增加，形成了主播的个人 IP。

粉丝基础和粉丝互动是成就个人 IP 的核心要素，也是个人 IP 能够商业化运作的关键。

个人 IP 是带有个性的态度和属性的，吸引的是拥有相同兴趣的群体。对于直播电商营销来说，可以根据个人 IP 找到背后的目标用户群体，提供个性定制化服务，帮助品牌达成精准营销的效果。

（1）打造 IP。

定位是直播电商的第一步。要根据主播的特质，设计直播的内容。以美食主播为例，其核心是对美食有深刻的了解。在这个基础上，主播需要持续输出优质内容，还要建立起个人 IP。当有了个人 IP 后，就可以借助个人 IP，到直播间进行直播，从而将粉丝流量转化为销售量。因此，主播如果有某个方面的特长，一定要将其标签化。

在进行定位分析时，可以使用 SWOT 分析方法。

首先要知道主播在哪个方面有特长或有较丰富的知识储备，即寻找优势（strengths）。例如，在美食领域，主播可能擅长做菜，那么可以在食材、调料等各个方面发力。如果个别主播不是特别擅长运用语言技巧，那么这是一个劣势（weaknesses）。"S＋W"是内部因素，需要进行深入分析来为主播的定位提供基础。

"O＋T"是外部因素。机会（opportunities）需要更深入的分析方法。例如，利用大数据可以发现很多市场机会，再结合"S＋

W"进行分析,从而抓住机会。还重视外部威胁(threats),包括各种竞争者,以及那些潜在进入者。从主播定位战略来看,可以选择"S+O"战略,即利用优势,抓住机会。只要市场热点符合主播的人设、前期知识储备、粉丝特征等,就要勇敢地进入。值得注意的是,主播的劣势有时可以转化为优势。例如,主播讲话带有地方方言,那么在售卖地方特色产品时可以转化为优势,甚至可以成为主播的标签。

(2) 立清晰的人设。

人设是主播在用户中的个人形象。人设在电商直播中非常重要,因为有了鲜活的人设,可以锁定目标用户群,并进一步增强对用户的吸引力。

例如,某主播的人设是会选择安全优质的食材,那么对关注家庭美食的宝妈等人群就具有吸引力。通过直播间的互动,可以进一步强化这种人设,使用户一想到购买优质食材,就会到主播的直播间看看。

又如,某主播的人设是孩子培育方面的专家,在直播内容安排、直播选品、直播互动时,都应强化这种人设,从而使粉丝一想到为孩子选择教育产品或其他用品时,就会到主播的直播间看看。

在实际操作中,人设对选品、营销等都具有非常大的影响力。例如,李子柒的人设是展现出田园牧歌式的生活,能制作各种美食,独立自强,天然纯朴,这种人设对她将螺蛳粉这样一种地方特色产品变成行销全国的大产品具有重要的推动作用。

(3) 持续输出好内容并长期上架超高性价比商品。

个人IP的打造,既与内容相关,也与优质的供应链有关。直播电商不单纯是商品的买卖,还包括内容输出。在直播内容设计方面,需要与产品、主播人设等结合,打造优质内容,从内容层面吸引更多人留下来。同时，在直播间不断供应性价比高，又符合粉丝需求特征的商品，这样才能保持直播间的人气，实现个人IP的持续升值。

> **核心要点**
>
> 从现有的直播电商营销活动来看，直播电商是一种团购，基于主播个人的IP价值吸引足够的流量，通过大量订单与供应链实现更好的销量。这种模式相当于一种"货带人"。从未来发展看，基于"优质内容+高效供应链"的个人IP打造，将成为电商直播的标准配置。

3. 电商直播+内容营销

内容营销是电商直播营销的核心，电商直播营销的内容必须是能够激发用户兴趣的事件活动。很多品牌营销以为有了"电商直播+明星"的组合模式，就能获得营销的成功，但是真正提升价值的营销活动一定需要强大的策划、创意能力，否则很难吸引用户注意。

例如，在抖音平台上，很多商家和达人从互动型内容账号转型直播电商账号的，在转型前通过互动型内容积累的粉丝并不能立刻转化为直播购买粉丝，导致直播间初期的转化率较低。在这种情况下，一方面，主播需要依靠鲜明的人设打造与长期稳定的内容产出形成持续积累；另一方面，直播团队需要持续寻找商品销售型内容的潜在目标人群，并根据人群的特点，选择直播营销的产品，设定产品的品牌和价格等，结合各种促销技巧（如定期或者不定期的粉丝福利），从而使内容和商品高度契合。

例如，太平鸟通过对品牌直播间所有主播统一的形象打造，推出了展现品牌时尚特点的"PB女团",不同性格与气质的女团主播不仅可以展示不同风格的服装穿搭,给予消费者丰富的商品搭配选择,还通过女团化的主播积累了忠实的店铺粉丝,为店铺的日常开播打下了良好的基础。自2020年10月太平鸟女装开始自播以来,半年时间内,店铺粉丝数从不到2万快速发展到150万,自播生意也实现了飞跃式的发展。

在韩都衣舍联合悦诗风吟、达芙妮的"时尚练习生"品牌活动中,主持人与模特相互配合,向不同直播平台的粉丝介绍化妆和穿衣搭配技巧,同时悉心回答各种疑问。超大的影棚、明亮的灯光、精心编排的节目台本,处处体现着与普通网红直播的不同。观看此次直播的许多粉丝留言说,当晚的直播看起来更像一个精心包装的电视节目,而这样的印象也正是品牌希望给粉丝留下的。

韩都衣舍公布的数据显示,"时尚实习生"品牌活动中,参与活动的直播平台累计收到了用户接近40万人次的点赞。而直播对粉丝的品牌认知作用更为明显,更强化了他们对韩都衣舍时尚属性的认知。同理,各品牌之间的粉丝流动让此次活动达到了"1+1+1>3"的效果。

因此,内容营销是平台和主播共同的方向,直播内容是吸引观众的首要条件。

> **核心要点**
>
> 　　内容营销需要做到内容与商品的完美结合。既不要单纯为了传播内容而设置相关的内容,也不要让内容去迎合商品,要使内容与商品如同一体、浑然天成。

4. 电商直播+深层次互动

互动性强是电商直播的重要特点之一,也是电商直播营销能够释放强大威力的原因。电商直播营销注重与用户的互动，强调与目标群体的沟通，尤其是在传播手段和沟通方式上更加重视与用户交流的无障碍性、无距离感。

每一个人都有不同的精神诉求。但是，这些精神诉求的某一方面，一定会与众人有着相似之处。通过社交网络的媒介作用，网络上形成了众多的亚文化圈子。依赖于主播、商品等连接在一起，电商直播使很多具有某一亚文化特征的用户形成圈子，从而实现从大平台向小圈子的转型。

电商直播平台就像一个大的社区，聚集着拥有共同爱好的用户，他们在"社区"内进行激烈的互动，这对产品营销传播至关重要。尽管业内对电商直播营销的研究还不成熟，但人们大都已经认识到电商直播无可比拟的优势就是带给用户低门槛、零距离的交流互动。

例如，理肤泉是一个专业的药妆品牌。药妆品类的独特性质决定了消费者对讲解的专业性要求较高，需要频繁互动。而该品牌入驻抖音后，针对抖音电商的"粉丝团"成员，定期推送内容和举办丰富活动，从而实现了品效双赢。

除了与消费者直接沟通的互动方式，也可以通过在直播间抽奖、发红包等方式与消费者互动。2019年淘宝"双十一"活动的直播高潮从接近11月11日零点开始。这时，薇娅直播间准备抽奖：11个GUCCI包包、11部iPad、一台外星人电脑等。随着不断公布抽奖信息，薇娅直播间的观看人数迅速攀升，很快从3 000万人增加到4 300多万人，达到顶峰。

随着互联网和新媒体的发展，人们对媒体平台更加挑剔。从博客、微博、微信、网络直播的出现和发展可以看出，用户对传播的内容、形式和互动的深度要求更高。而电商直播内容的丰富性、形式的新颖性以及互动的高频性使这一新媒体形式迅速聚集了一大批受众，因此不可忽视这一新兴媒体的传播价值。

> **核心要点**
>
> 互动是直播营销的重要特点。通过这种方式，形成一个个互动的圈子，使商品营销与社交等高度融合，这是直播营销与其他传统营销模式的本质区别之一。

5. 电商直播＋线下门店

电商直播进入下半场的一个信号是这样的：线下门店直播的价值开始凸显，品牌、传统线下百货集团开始涌入，传统网红直播带货模式将受到挑战。

门店直播是由线下门店发起的一种直播模式，这种模式由线下导购完成（见图 2-15）。在直播过程中，既包括带客巡店，又包括向客户介绍关于商品的专业知识，激发客户的购买欲望。门店直播在空间与时间方面的弹性要远大于专业直播间，从而能够为用户提供更丰富的内容与更频繁的互动。

图 2-15　某品牌线下直播带货

在门店直播过程中，可以插入很多有趣的内容，以及能够调动消费者好奇心的内容，包括进货渠道、一些内部的培训会议等。这些内容作为花絮加入，能解决门店直播相对比较单调的问题。

另外，在征得消费者同意的情况下，还可以直播整个购买过程，从而为消费者做出决策提供更丰富的依据。

> **核心要点**
>
> 　　线下门店是一个天然的直播场景。对全渠道营销的品牌来说，利用线下门店场景进行直播，显然是一种试水直播的好模式。

6. 电商直播＋供应链产业链重构

直播电商的兴起，使供应链产业链重构的可能性大大增加。直播营销过程中，主播对消费者非常了解，而且通过直播间的互动，可以将消费者的真实需求挖掘出来，并及时反馈到产业链，为产业的调整提供数据基础。

很多主播到产业基地开展直播活动，极大地缩短了消费者与生产者的距离。在这个链条中，遵循"生产者—主播—消费者"的路径，信息传递的速度快、效率高。而从生产者的角度看，可以通过观看直播或者与主播合作，利用消费者数据，直接推动产业基地的转型升级。在工厂自播的情况下，传播链条更短，更有利于获得相关数据并对产业链进行改造。

与生产者合作的另一种方式是品牌的打造。在直播间，很多商品原来缺乏足够的品牌影响力，经过直播之后，以性价比、新功能等引起消费者的关注，并通过消费者的传播、复购等行为，扩大品牌的知名度，为打造品牌奠定基础。

供应链管控对二手电商等特殊行业具有更重要的价值。商品的鉴定、仓储管理、物流等环节都至关重要。例如，妃鱼作为二手奢侈品直播渠道品牌，通过与第三方鉴定机构达成深度合作，为商品的正品来源提供保障，同时给予消费者更多的购买信心。妃鱼还自建了仓储和物流团队，对每一件商品做好打标追踪，在执行上提升效率，为买家提供更安心的消费体验。这推动了妃鱼在抖音等直播平台上的快速成长。

核心要点

一种新的售卖形式的崛起必然是因为其降低了消费者的购买成本，包括金钱成本、决策成本。一个巨大的流量入口往往也可以重塑供应链产业链，提高生产销售的效率。

第三章

直播电商的营销学逻辑

直播电商是利用网络直播（直播平台或直播软件）的方式来销售产品或服务的一种商业模式。它本质上是以直播为媒介，通过视频直播的方式让消费者更直观地了解商品，通过主播与粉丝的互动关系建立信任，并最终推动消费者购买的一种模式。因此，在本质上，直播电商是一种创新的营销模式。要了解直播电商，首先需要对市场营销原理有着深入的理解。

一、市场营销的基本概念及理论基础

市场营销是一门基于现代管理理论、行为科学、经济科学等的应用科学。市场营销以满足消费者的需求为中心，研究营销活动的全过程和各种规律，对电商直播尤为重要。当今网络直播进入爆发期，全面、系统地学习和掌握现代营销理论和方法非常重要，有助于更好地了解消费者的心理，更好地获得流量，从而实现流量变现。

1. 从 4Ps 到 12Ps、4Is：市场营销工具组合的演化

> **核心要点**
>
> 直播营销可以理解为一种策略，包括产品、价格、渠道、包装、促销等。市场营销工具的不断丰富要打好"组合牌"。成功的直播带货从来都不是几个营销工具的简单堆砌，每个环节都要仔细斟酌，突出优势。

(1) 市场营销工具组合的演化。

根据经典的市场营销理论，主要的市场营销工具组合可以分为四类，一般称为市场营销的 4Ps：产品（product）、价格（price）、促销（promotion）、渠道（place）。这就是营销学中经典的 4Ps 理论。

继 4Ps 理论之后，因为个性化服务在营销中变得尤为重要，所以有学者增加了第 5 个"P"，即人（people）。这个因素在直播电商中非常重要，因为直播在很大程度上就是粉丝运营、主播人设定位等，这都体现为直播电商中"人"的因素。

之后，包装成为影响消费者购买决策的一个重要因素。"包装"（packaging）理论兴起。20 世纪 70 年代，"营销管理之父"菲利普·科特勒在强调"大营销"的时候，又提出两个"P"，即公共关系（publications）和政治（politics）。当营销战略计划受到重视的时候，科特勒又提出战略计划中的 4P 过程，即研究（probing）、划分（partitioning）、优先（prioritizing）、定位（positioning），营销组合演变成 12Ps。但 4Ps 作为营销基础工具，依然发挥着非常重要的作用。

(2) 4Ps 营销工具运用案例分享。

"舌尖二十四恋"的小龙，通过打造"舌尖二十四恋"品牌系列，助农直播走访了海南、湖北等多地贫困县，2020 年"7·17"单场直播带货超 150 万元，观看人次超 210 万（见图 3-1）。

首先，小龙选择自己想做的主要品类——食品类。原因有：一是他的私域粉丝偏中老年，食品生鲜、家居日用品比较契合他们的需求；二是食品类具有刚需性，价格相对较低，用户的需求比较高频。

其次，选品与营销策划环环相扣。从 4Ps 理论来看，产品显然

图3-1 "舌尖二十四恋"的小龙

是最重要的那个"P"。在直播选品上，小龙基于"舌尖二十四恋扶贫中国万里行"这条主线，严格选品：一是当地农业部门、扶贫办推荐的产品；二是私域粉丝推荐的家乡特色产品。

小龙的团队既做到了对"人"的有效管理，又善用价格、促销、渠道、包装等营销工具，打出优秀的直播电商组合拳。

（3）4Is原则下的整合营销。

网络营销的兴起，使交互、个性等更为重要。因此，从"以传者为中心"到"以受众为中心"的传播模式开始兴起。美国西北大学市场营销学教授唐·舒尔茨提出了"整合营销"理论。其基本理论是4Is原则，即趣味（interesting）原则、利益（interests）原则、互动（interaction）原则、个性（individuality）原则，对直播电商有很好的启示（见图3-2）。

```
┌─────────────────────┬─────────────────────┐
│    趣味原则         │    利益原则         │
│    interesting      │    interests        │
│            ┌────────────┐                 │
│            │ 4Is理论原则 │                 │
│            └────────────┘                 │
│    互动原则         │    个性原则         │
│    interaction      │    individuality    │
└─────────────────────┴─────────────────────┘
```

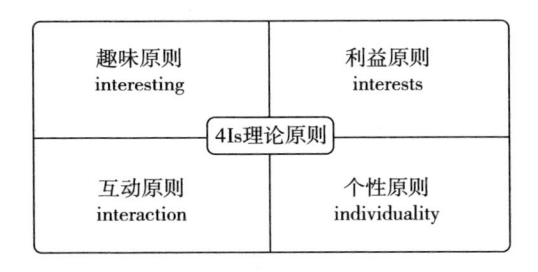

图 3-2　4Is 理论原则

> 趣味原则

娱乐是人类的天性。随着互联网的普及，娱乐化成为社会文化的主流，而社会文化正在朝"浅"和"快"的方向发展。直播电商也必须遵循娱乐化原则。直播团队在选品、直播间设计、直播流程、促销模式等运营方面，都要考虑"泛娱乐化"的因素。从趣味原则来看直播电商，娱乐化是中心，碎片化、简约化、幽默化是基本点。而直播的导入、商品的介绍等方面，都要体现趣味原则。

> 利益原则

直播首先是一种信息传递过程。根据信息传递的"使用与满足"理论，直播电商要满足粉丝的某些利益诉求。

一是把信息的选择和受众对信息的需求紧密结合在一起。例如，在直播过程中，从消费者的痛点导入，强调产品的功能能够更好地解决消费者的痛点。

二是产品的功能或服务要超出消费者的期待。直播团队在选品时需要关注产品的独特功能，这些功能必须能够引起消费者的尖叫。例如，便携式折叠洗衣机，在体积上比消费者想象的要小得多，一下子就引起了消费者的兴趣。

三是给予物质利益。例如，在直播间抽奖、提供特别折扣或限时优惠券等，都是满足消费者利益诉求的一种方式。

四是给予各种心理满足。例如，直播间的互动环节要及时回应消费者的问题。

➢ 互动原则

直播电商区别于图文电商的一个重要特征是互动性，直播能给予消费者充分的参与感并形成互动氛围。很多主播在公布商品价格或者折扣时，都会请粉丝参与。这种消费者亲自参与互动活动设计的营销过程，会给消费者留下更深的品牌印记。把消费者作为一个主体，发起消费者与品牌之间的平等互动交流，可以为营销带来独特的竞争优势。

➢ 个性原则

直播电商越来越强调个性化，即使是标准化的品牌商品，主播也会强调其对粉丝的个性化体现。个性原则的另一种体现是，主播越来越个性化，非常重视自己个性风格的养成，同时选取一些与主播人设及个性吻合的商品，采取一些个性化的促销方式等。

核心要点

网络营销更加注重交互与个性，运用好 4Is 原则对直播电商的发展具有启发作用，包括趣味原则、利益原则、互动原则和个性原则。

---

2. 建立客户关系：市场营销的观念

市场营销中最重要的观念之一就是客户关系管理。良好的客户关系管理能让顾客产生愉悦感。反过来，高兴的顾客保持忠诚，并向其他人积极地介绍产品或服务。于是，客户关系管理的目标不仅是使顾客满意，更是使顾客愉悦。直播间天然具有社交属性，要利用社交纽带推动形成互动社群，以社群成就无须细分的定位、无须广告的营销。

维护顾客的忠诚十分必要。有研究显示，争取一位新顾客与保留一位老顾客相比，成本高出 5 倍。直播间的消费者还有一个特点：他们具有传播效应，其价值不单体现在购买潜能方面，更体现在传播能力方面。即粉丝有可能发挥其影响力，将其他用户也转化为主播的粉丝。

维护客户关系的一个重要方面是将与客户的关系感性化。直播电商的营销策略必须实现"从眼球到情感"的转变。随着互联网的发展，直播团队需要运用各种社交媒体瞄准并吸引消费者深度参与和互动，使直播销售的产品成为消费者谈话和生活的重要组成部分。因此，市场营销者不是简单地进行客户关系管理，而是基于情感、参与和互动进行客户关系管理。

此外，直播团队还要与供应商、渠道伙伴以及其他外部成员建立伙伴关系。如今许多直播团队正通过供应链管理，强化自己与供应链中各种伙伴之间的联系。

建立客户关系可以使营销更好地切入各种场景。

➢ 场景 1

用户因为经常和某个主播的微信群有互动，会常到主播的直播间观看。当主播推荐的商品符合自己的需求时，用户就会基于对主播的信任直接下单。

➢ 场景 2

用户对某种商品有着明确的需求，在主播的沟通群里看到近期会直播销售该商品，会因为对主播存在信任而在直播间等待直播销售。在等待的过程中，用户也可能购买其他商品。

> **核心要点**
>
> 直播间天然具有社交属性，需要充分利用这一属性，形成直播间的私域流量，自然就形成了无须细分的定位、无须广告的营销策略。

3. 重新认识顾客价值：粉丝资产增值

在传统的市场营销理念中，营销一是要使企业有利可图，获得当前和未来的销售、份额、利润等回报。二是要产生顾客价值，使顾客成为忠诚的用户。这需要达到一个平衡：市场营销者必须持续创造顾客价值并使其满意，但是又不能使自己损失严重。

直播团队的价值来自其当前和未来的粉丝（顾客）。这需要对客户关系管理从长计议，不仅要培养有价值的顾客，而且要一直"拥有"他们，获得他们的终身价值。在直播过程中，要引入"粉丝资产"的理念，要把粉丝视为资产并谨慎管理，使其效益最大化。因此，直播团队需要加大对粉丝的投资，实现粉丝资产的增值。

粉丝资产的增值主要体现在四个方面：

一是粉丝实现其购买潜能。粉丝观看直播之后，在直播间直接购买，这是粉丝资产增值最直观的体现。粉丝实现购买是多方面的，包括粉丝对直播间产品及其周边产品的购买，以及基于本次购买而激发下次购买的欲望等。

二是粉丝积极参与互动，活跃直播间的人气。直播间是一个特定的消费场景，在这个场景中，粉丝之间的行为具有互动性，而互动程度越高，越有可能促进购买。因此，粉丝互动也应该作为粉丝资产增值的一个重要方面。另外，粉丝分享其使用经验、购买经验，对所购买的商品和服务进行客观评价等，也有利于实现粉丝资产的增值。

三是粉丝深度互动，使直播进一步完善。在粉丝运营持续推进的情况下，部分粉丝可能与直播团队进行深度互动，他们会对直播过程、直播商品的选择、直播商品本身存在的问题及改进等提出独到的建议，这些建议都是直播团队的资产。

四是粉丝的传播价值。在直播时代，很多消费者在使用商品之后，会通过各种渠道进行二次传播，这对直播电商具有非常重要的价值与意义。

综上所述，针对不同类型的顾客需要不同的客户关系管理战略。直播营销的最终目的是与恰当的顾客建立恰当的关系，从而实现顾客价值，使其为直播团队创造价值，在这个过程中，将粉丝视为资产，以资产增值的思路来运营、管理粉丝非常重要。

> **核心要点**
>
> 顾客的价值不仅在于当前的价值，还在于未来的价值。直播营销时代，更要注重客户关系的管理，发挥顾客的传播价值。

4. 创造顾客价值：市场营销的收获

要获得顾客价值，首先要为顾客创造价值。当主播推荐性价比高且符合顾客需求的产品时，就为顾客创造了价值，于是就能使顾客高度满意。这样的直播能促使顾客保持忠诚并重复购买，继而通过社交媒体为主播或企业进行口碑宣传，从而获得更多用户的青睐。这对主播或企业而言，意味着更高的长期回报。

顾客价值的另一个基点是减少消费者的选择成本。随着互联网的发展，人类面临前所未有的丰富信息。直播电商的一个重要功能就是帮助用户处理信息，解决用户的信息和商品选择难题。

从商业模式创新来看，互联网上容易产生信息冗余，因此创造信息增值的服务商应运而生。主播在直播间，需要提供"关于信息的信息"（meta-information），包括品牌商提供的产品试用成效、产品的实际效果是否与图片或视频一致等。通过这些行为，主播为顾客创造价值，从而提升顾客的忠诚度。

顾客满意度取决于顾客从该产品实际获得的效能与顾客预期的比较。如果产品的效能低于预期，顾客就会不满意。如果效能符合预期，顾客就会满意。如果效能超过预期，顾客就会非常满意或感到惊喜。大多数研究表明，高水平的顾客满意度催生高水平的顾客忠诚度，进而产生更高的销售额。因此，企业应该只承诺自己能够做到的，然后比所承诺的给予更多，让顾客高兴，而顾客高兴后不仅会重复购买，还会成为热心的市场营销伙伴和"顾客传教士"，积极地向他人传播自己的美好体验。

> **核心要点**
>
> 为顾客创造越多的价值，越有利于形成顾客满意度，建立信任与依赖关系，继而锁定未来的顾客价值。此外，顾客会通过口碑宣传让直播营销获得更多的顾客价值（回报）。

二、直播营销策略解析

> **核心要点**
>
> 网络直播只是一种方式，核心还是产品本身与性价比。要把握好传播内容的创意和方向，注意加强与其他传播渠道的配合和联动，两手都要抓，两手都要硬。

通过直播进行产品营销，能够使产品广泛传播，获得关注。同时，网络直播平台是一个成本低廉的新品发布渠道，无疑是优质的产品营销平台。借助网络直播平台聚合信息的能力，可以提高其他网络渠道的点击率和浏览量，提升营销的整体效果。

但是，盲目跟风的营销活动越来越多，这些在资金、创意上投入不足的直播营销并没有收到满意的效果。网络直播仅是一种手段、一种工具，真正的核心还是产品自身的优势和性价比。不仅要把握好传播内容的创意和方向，还要注意加强与其他传播渠道的配合和联动。另外，虽然网络直播的直观性和冲击力能使传播内容快速、及时地抵达用户端，但是这种快速的传递方式难以全方位地传达产品的详细情况。整合营销传播是大势所趋，成功的营销活动必然是多渠道紧密配合、相互助力的。

1. 病毒式营销策略

病毒式营销是网络营销中比较受欢迎的，也是近几年颇受追捧的营销方法。它基于互联网上信息的传播速度，依靠用户的口碑传播，使信息像病毒一样迅速蔓延传播，是一种高效的网络营销传播方式。病毒式营销在品牌营销中的地位不可小觑，属于低成本、高回报的营销手段。

病毒式营销的一个主要特点是，信息的传播扩散速度极快，能够在短时间内达到深入、全面扩散的水平；同时，信息的传播途径和方法并不主要是通过品牌宣传，而是带动用户，让用户主动参与其中，并完成传播。虽然大部分工作是用户来完成的，但是最关键的部分却需要品牌投入更多的精力在策划上：依靠创意策划，生产病毒式话题，通过人际共享信息，实现裂变式传播。

(1) 依靠创意策划，生产病毒式话题。

无论是渠道为王还是用户为王，优质的创意策划都是必不可少的。营销创意能够有效促成用户与产品之间的联动，增强用户黏性，并将其转化为购买力。无论是以传播为目的还是以销售效果转化为目的，创意的展现手法都是在竞争中取胜的关键因素。

垂直细分的优质内容是做好网络直播营销的基础。首先，网络直播营销需要与时事热点紧密相关，并对主题和风格严格把控。其次，传播的内容需要巧妙地结合品牌、产品、服务的特点和差异，与用户互动。最后，要警惕的是，不能盲目地考虑传播的量级和效果，而忽视了导流和转化的效果。只有把用户和流量转移到产品上，才能实现营销闭环，创造好的营销效果。切不可脱离品牌和产品来盲目制造话题。

2019年9月16日，星巴克首次参与淘宝直播，与淘宝"第一主播"薇娅合作，用"天猫精灵＋星巴克"的创意进行营销。直播中，薇娅一边介绍星巴克杯子，一边和星巴克定制版天猫精灵互动，演示着语音点咖啡。在产品上线五秒倒计时结束后，3 000件星巴克联名产品随即秒光。而当晚直播间里，星巴克成交了9万多杯星冰乐双杯券、3.8万多杯拿铁电子饮品券、3万多杯橙柚派对双杯券，光是可以兑换的饮品加起来就近16万杯。"天猫精灵＋星巴克"的创意创造了良好的营销效果。

(2) 人际共享信息，裂变式传播。

网络直播的社交媒体属性使其成为天然绝佳的人际共享信息方式，用户可以通过网络直播将传播内容与好友分享。主播则可以利用用户喜爱分享的特点进行口碑传播和病毒式营销。

网络直播上的"转发"和"评论"两种功能是传播规模迅速扩大、实现用户参与的关键，也是主播利用网络直播进行病毒式营销的重要方法和手段。网络群体的一个重要特点就是喜欢"晒":人们愿意把自己看到的有趣的内容分享到网络圈层,继而实现多层级的传播效果。

第一种是"转发"。口碑营销是网络时代需要非常重视的营销方式。在海量信息时代,人们更相信亲朋好友的推荐和分享。通过用户一人的转发很容易就引起其他人的跟随,让传播效果呈倍数级增长,帮助品牌实现病毒式营销的传播效果。

第二种是"评论"。这是主播运用人际共享方式进行网络直播病毒式营销的另一途径,是更加优质的传播方式。因为"转发"仅是对一条传播内容的扩散,"评论"则融入了用户的态度、意见和判断。主播不仅能从中了解目标用户群体的消费特点、习惯、偏好,还可以通过这种方式加强与用户的沟通交流,维系良好、密切的关系。在未来,可以通过对忠实用户的调查研究了解更大群体的喜好,指导产品和服务的生产流程,生产更符合市场需求的产品和服务,实现品效合一的营销传播。

(3) 依托公共事件,推动全面传播。

依托公共事件等进行传播是近年来直播营销中一项很重要的策略,因为公共事件天然自带话题性与传播性,其传播的范围广、速度快。直播间可以借助公共事件,推动其直播的快速传播。例如,在某个食品安全事件曝光时,直播间可以就某款质量安全的食品进行营销,从而获得较高的传播速度。

近年来,各大直播平台、短视频平台通过不同的形式,借势向受众群体"种草"。不同的项目有不同的"种草"策略,但是策略大体相同,主要分为:大咖同款、借势"种草"、"搞事情"。

大咖不只限于是粉丝流量大的红人,各圈层的 KOL(关键意见领袖)在专业领域皆有话语权,可以通过从"头"到"尾"的立体式口碑营销，深度影响用户心智。

借势"种草"，是指通过成分造势、蹭网红产品、借助实用场景，贴合当下用户最关心的热门趋势与话题，与"种草"产品深度融合，凸显产品优势。借力打点，让用户拥有想象的空间（见图3-3）。

"搞事情"的方式，更适合大品牌高举高打，利用自身影响力与跨界融合，让走向"失能"的品牌焕发新的活力，是原有优势与时代的再一次结合。

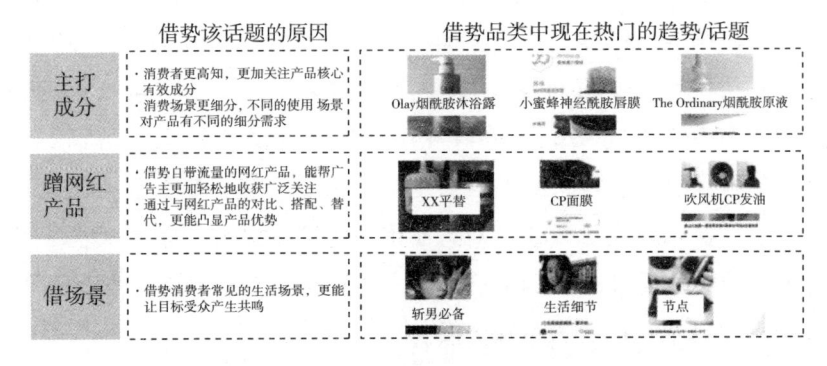

	借势该话题的原因	借势品类中现在热门的趋势/话题
主打成分	·消费者更高知，更加关注产品核心有效成分 ·消费场景更细分，不同的使用场景对产品有不同的细分需求	Olay烟酰胺沐浴露 / 小蜜蜂神经酰胺唇膜 / The Ordinary烟酰胺原液
蹭网红产品	·借势自带流量的网红产品，能帮广告主更加轻松地收获广泛关注 ·通过与网红产品的对比、搭配、替代，更能凸显产品优势	XX平替 / CP面膜 / 吹风机CP发油
借场景	·借势消费者常见的生活场景，更能让目标受众产生共鸣	斩男必备 / 生活细节 / 节点

图3-3 借势"种草"

> **核心要点**
>
> 如何让你的直播像"病毒"一样传播？依靠创意策划，制造病毒式话题；依靠人际共享信息，实现裂变式传播；依托公共事件，推动全面传播。

2. 互动营销策略

互动营销是指企业在营销过程中充分重视和利用消费者的意见和建议，并将其用于直播的规划和设计。直播营销的根本目的是实现盈利。要实现盈利，就必须建立亲密的互动关系，及时掌握用户的最新要求，并反推到选品的流程，为后期的规划和走向提供基础和依据（见图3-4）。与用户建立亲密的沟通和紧密的联系是直播环节中必不可少的，能够帮助主播提升影响力。

用户实时参与的内容是基础

content
主播　interaction 互动是根本　观众
payment

观众打赏激励是关键

图3-4　主播和观众的互动关系

当今是用户为王的注意力经济时代，通过网络直播的互动性、真实性、生动性等良好体验，抓住用户的注意力，就能够很好地实现营销目标。

（1）互动模式趣味化，满足用户需要。

互动营销对品牌的策划能力和创意能力提出了挑战。在策划电商直播活动时，首先需要掌握的宗旨就是"娱乐至上"原则，网络直播因娱乐性内容而被人关注，也必然要求网络直播在策划内容时要首先重视这一需求。所谓"娱乐"，是指主播需要充分借助网络直播轻松、自在、互动性强的特点，并依托巧妙的创意、娱乐感强的内容与用户轻松、无距离地沟通，让用户在参与互动的过程中潜移默化地认同品牌的文化和特点，增强用户对主播的黏性，从而实现营销目的。同时，在网络直播的营销互动过程中，要注意把握用户的使用习惯和心理变化，以及用户的喜好和关注点，并根据产品、服务的特点有针对性地细分，尽可能地做到个性化的营销互动。

例如，学生和白领阶层是电子类产品的主要消费人群，那么产品在更新换代的过程中，就需要考虑目标用户的使用习惯和真实需求。他们更关注新产品的整体功能特性，还是"颜值"，抑或是某项功能的极致？这就需要品牌商及时了解用户需求，并定时更新发布新品的使用效果和体验等，帮助用户了解新品，实现营销目的。

（2）策划手法多元化，提升用户参与。

越来越多的主播开始利用网络直播营销手段，通过精心准备的互动环节与目标用户进行交流、沟通，实现品牌的营销目的。设计巧妙的互动活动能够吸引用户的注意力，导入大量的流量。要想获得用户的认同和喜爱，最核心的就是将主播的人设经过巧妙设计、策划，与话题结合，让用户在参与互动的过程中，不自觉地受到主播人设的感染，产生情感共鸣，增强好感，提高黏性，进而实现品效合一的传播目标。

"所有女生，你们准备好了吗？3、2、1，链接来喽！"李佳琦的一句话，在"双十一"之际，让全网女生在他的淘宝直播间里上了头。"所有女生"这句经典口头禅更是一下子冲上了微博热搜榜。不少人表示，他一喊"所有女生"，自己就想掏钱，完全控制不住"买买买"的冲动。但是，李佳琦不会劝观众盲目购买所有产品，他会告诉观众每款产品适合的人群，也会强调有些产品不需要买太多，或是一部分人群不适合购入。当一个链接中包含多个产品选项时，比如不同色号的口红、腮红等，他会挑选出"李佳琦推荐"的色号，有时会告诉观众"只需要入这2个色号，其他不需要买"，也正因为这样，"李佳琦推荐"让观众感觉客观且可信（见图3-5）。

第三章 直播电商的营销学逻辑

图 3-5 李佳琦直播选口红色号

李佳琦会随时对观众的直播评论做出反应，并积极互动。无论是产品相关问题、优惠券问题、购买方式问题，还是观众的神奇小问题，他都会立即解答。李佳琦还会分享直播花絮小故事，比如怎样从产品的老板处拿到"全网最低价"，同时表示"以后再也不会有这样的价格"，既生动，又向观众传递了关键信息。在这些互动的助攻下，"所有女生"都成功被吸引进李佳琦的直播间。

> **核心要点**
>
> 不应将带货当作直播营销的唯一目的，只将观众视作"买货工具人"会逐步失去对观众的吸引力。只有与你的观众互动，拉近距离，才能增强用户黏性。

3. 精准营销策略

精准营销是在足够理解用户资料、信息的基础上，依据用户的基本属性和喜好特点，有目的地进行营销。通过掌握大量的用户数据、信息，进行分析、判断，梳理出合理的解决方案，进行科学的传播，是新时代的营销传播与大数据库营销相结合的营销新趋势。在精准定位的基础上，可减少盲目地生产不适应市场的产品和服务，降低营销成本，实现利益的最大化。在这个过程中，一定要注意掌握大量的用户信息，注重计划和结果相协调的营销传播方案。按照精细化定向营销的理念和结构框架，将目标市场进行细分，可增强营销的有效性，创造更大的传播价值。目前，品牌营销过程越来越重视通过"精准营销"的品牌营销模式，精准找到目标用户的需求，拉近与目标用户的距离。

（1）主播应符合选品气质。

虽然明星或网红都自带媒体性质，本身就具有重要的营销传播价值，可利用自带的光环助力品牌营销传播，但明星、大咖、网红等都是具有独特个性特点的存在，在选择主播进行网络直播营销时，要根据产品、服务的特点以及目标用户的喜好来判断该主播是否符合要求。

例如，专家型主播适合带一些需要专业知识才能使用的产品，而人气型主播更适合带具有高性价比的产品。

（2）选取合适的直播平台。

目前，带有直播带货功能的网络平台数不胜数，并且各自有不同的风格定位和目标顾客群体。除了一些直播 IP 已经和特定的网络平台相关联，大部分的直播带货模式都需要商家主动选取直播平台；要是选取了不合适的平台进行带货，大概率会发生错失目标顾客、浪费营销费用、影响产品风评等问题。此外，由于带货直播已经从增量阶段走向存量阶段，各大网络平台也从曾经的合作关系走向全面竞争关系。因此，对于商家而言，选取一个合适的、与产品特性相匹配的直播平台是降低营销成本、实现精准营销的重要前提。

表3-1梳理了目前主流直播平台的特征、运营要点和强势品类。总的来看，直播带货的产品类型还是和网络平台的原有风格定位密切相关。例如，京东直播带货主要是针对数码、家电等产品。2020年"6·18"购物节，戴森、LG、华为、荣耀、小米、格力等品牌都选择了京东。这是因为对数码、家电等品质类产品感兴趣的消费群更信任京东平台。同样，2020年淘宝"6·18"直播中，主要以服装、美妆、食品保健、母婴类等产品为主，3C产品在淘宝直播中不算是主打的带货品类，这是由淘宝消费群体的属性所致。值得注意的是，拼多多在2020年"6·18"直播中，苹果、茅台、五粮液、戴森、雅诗兰黛等品牌也实现了不错的直播销量，因为这些品牌受到拼多多"百亿补贴"官方政策支持，产生了巨大的价格优惠，也在一定程度上依靠官方政策取得了观众的信任。快手风格比较多元化，吸引了一些比较知名的品牌入驻，比如小米、中国珠宝、雅鹿等。此外，快手电商领域还有不少非标品，比如玉翠等。此外，直播平台在同业中的战略定位也是不同的，商家在选择直播平台时应判断产品营销目的与直播平台的运营玩法是否相匹配。例如，2020年3月26日，LV在小红书上进行了新品的直播首秀，却只吸引了1.5万人观看，成交量惨淡，这也是因为小红书仅仅是作为一个KOC孵化平台，主打"种草"笔记的宣传作用；其实此类奢侈品应首先选择头部主播等大流量来宣传新品，下一阶段再采用小红书KOC的直播"种草"来加大宣传。

由此看来，实施精准营销的目的在于找到目标消费群体，因此不仅要选择与目标消费群体匹配的直播平台，还要仔细审视直播平台的运营特点是否能够达到产品营销的目的。商家选择直播平台不仅是一个简单对接目标消费群体的问题，更是一个阶段性对接的问题。

表3-1 各大直播平台特征

平台	特征	运营要点	品类
抖音	社交+内容带货	1. 利用短视频为账号引流,再用直播或橱窗带货 2. 以内容输出为核心	日用百货,服装穿搭,各类美食;现在向综合类演化
淘宝	规模大,商家、达人内容推动流量留存,大主播收割大销量	1. 先维护老客户,再考虑吸纳新客户 2. 注重主播IP	女性产品,如美妆、珠宝、亲子、穿搭是第一优势品类
快手	信任电商,"去中心化"的社交分发,带货主播相对多元、分散	1. 将平台粉丝和消费群体转化为私域流量 2. 选择热门产品进行销售	原产地、产业带、工厂直供产品,达人品牌
腾讯看点	公众号+小程序+直播,私域流量,具有微信生态内资源,适合强关系、重信任的推广,具有回放支持购买功能	依赖微信社交圈内的关系维护	母婴类产品具有较大优势
拼多多	社交裂变,低价促销,现金红包吸引+关注+分享好友助力,冲动型消费	1. 合理利用平台活动实现用户裂变 2. 拓展产品宣传渠道	食品、生活用品
小红书	流量精准,女性用户多且活跃,时尚潮流,是KOC的主要聚集平台	1. 选择热门品类进行带货,自有"种草"笔记可助力产品宣传曝光 2. 可以利用"种草"笔记进行产品的宣传推广	"种草"文化产品,美妆、穿搭品类相对较多
京东	品位消费,注重小众、长尾市场	1. 品牌必须有自己的态度 2. 消费群体对新产品的购买率较高	家电、数码、食品

续表

平台	特征	运营要点	品类
微博直播	转化渠道仅基于微博粉丝基础	利用微博进行运营，用内容吸引用户，使其成为微博粉丝之后再利用直播进行流量转化	女装、美妆、食品
西瓜视频	泛娱乐，基于西瓜视频的"短视频＋直播"组成的泛娱乐内容矩阵，是KOL孵化的优质平台，例如美食主播王刚和华农兄弟	1. 内容简单化、垂直化、娱乐化 2. 专业知识，科普类、文化艺术类内容在用户的内容消费诉求下，有很大的蹿红空间 3. 内容专业性强、有特色的小众领域，粉丝黏性强，变现潜力巨大	食品、服装类产品
哔哩哔哩（B站）直播	Z世代，拥有占比最高的年轻消费群体，虚拟消费水平高，注重消费体验	1. 没有购物车选项，也没有转化路径。如需带货，只能在直播内容中植入软广或广告图 2. 针对受众适合进行有价值的内容输出；适合进行教学类垂直内容直播，再进行课程出售	游戏、动漫、视频、二次元、年轻化
知乎直播	垂直行业，强调知识分享与传播，粉丝留存度高、黏性强，容易实现流量转化	1. 直播内容的深度和价值决定了用户关注度 2. 采用辩论话题直播会更具讨论性，能引发内容的二次创作 3. 知乎的转化渠道以好物推荐——商品橱窗、直播打赏、Live讲座为主。可以将直播与问答、专栏关联起来，将粉丝囤积到账号上，再进行转化	文化知识

资料来源：作者整理。

（3）根据细分的需求，开启个性化精准营销。

一方面，精准营销策略是为用户提供他们真正需要的信息，主播需要根据目标用户的特点和属性进行细分，提供满足个性化需求的产品和服务，以及营销传播的内容。用户接收到这些能满足其需求的信息后自然会关注。主播要获取的只是目标用户的注意力，而非所有用户的注意力。在主播营销过程中，需要进行有针对性的营销推广，实现传播效果的最大化。

另一方面，网络直播不仅是一种信息传播方式，同时也是一种信息收集反馈方式。网络直播的用户都是根据自己的喜好进行关注，相较于其他营销方式，用户更加精准。大量的目标用户聚集于直播平台，品牌商可以收集更全面、更细分的用户数据；可以根据网络直播活动中用户的评价和反馈，合理规划后期的产品和服务，进行个性化设计，反推到产品和服务的生产流程，提升产品和服务的质量，提高用户的满意度。

> **核心要点**
>
> 精准营销的出发点是细分观众群，这不仅包括细分消费者的信息、特征、需求，还包括甄选合适的带货主播和带货平台。而选取合适的带货主播和带货平台将大大提高获得精准受众的概率。

4. 整合营销策略

营销并非局限于一种单一的、孤立的活动，而是要将各种营销活动整合起来。直播营销是一个整体的、系列的活动，需要有一定的连续性和持续性。以用户为核心是整合营销理论的基础。

随着网络传播技术手段的发展和网络媒体的普及，整个社会的营销背景也在不断地发生变化。整合营销理论在新媒体环境中也表现出了一种新的发展态势。

（1）线上多种营销方式整合。

实质上，整合营销就是将病毒式营销、互动营销、精准营销、软文嵌入、知识嵌入等多种营销手段和渠道都整合在营销传播和市场推广中。微博作为网络营销的重要阵地，发挥着重要的作用。不仅如此，微博上讨论的体育、娱乐、新闻热点和社会焦点等话题在网络直播平台都有很高的热度。两者相互搭配，能够产生巨大的粉丝声量。不仅是微博，微信、贴吧等也都是网络直播营销的重要引流入口，在营销过程中都可以进行选择性整合，延长传播时间，拓展传播范围，实现传播效果最大化。

比如，在直播中可穿插强力促销，促成高购买率。在某年的"5·21"直播中，酒仙网 CEO 郝鸿峰向百万粉丝详细介绍了公司产品。在直播过程中，除了教粉丝品酒的知识外，还穿插了两轮秒杀，两款秒杀产品几分钟就被抢购一空。这种营销方式的融合能让用户在观看过程中产生购买冲动，达到快速销售的目的。

（2）"明星＋KOL＋KOC"组合拳直播带货模式。

如今，消费者也并不总是盲目跟风，一个明星所推荐的产品并不足以让消费者完全信服，因为消费者心理学上有个名词叫"感知欺诈性"——消费者认为明星代言这款产品肯定是收了钱的。所以，很多品牌商比较常用的做法是"明星＋KOL＋KOC"组合拳。

品牌商不能仅盯住头部影响者，而是要通过"明星＋红人＋素人"的科学化体系，营造出全民带货的氛围。明星引爆影响力，提升品牌声量和知名度；通过垂直类网红把不同圈层打通，凭借圈层渗透效果给消费者"种草"；网罗海量长尾红人，甚至是素人用户，只有当素人都开始反复推荐这个品牌时，才会让用户形成更真实的认知，并最终实现有效转化。

完美日记之所以能够迅速扩张，科学化的营销体系非常关键。从品牌的引爆、社交的裂变，到用户的留存、社群的运营、心智的持续影响，形成教科书式打法，让用户与品牌之间形成一种无限循环的关系。在小红书、抖音、微博、B站等各热门社交媒体上，都可见完美日记的这套经典打法。

在小红书平台，完美日记已经形成了投放明星、头部KOL、腰部KOL及素人笔记的运营策略。首先由明星、顶级流量担当来"种草"：流量小生朱正廷是代言人；"口红一哥"李佳琦在直播间里推荐过它的卸妆水、气垫粉底和粉钻口红。然后是腰部达人来试用、发笔记。最终引导消费者下单，素人也来平台生产UGC（用户原创内容），进行二次传播，从而实现快速裂变。完美日记就是通过这一打法迅速崛起的。

核心要点

"不想当裁缝的厨子不是好司机"，多元化的社会需要多元化的知识组合，直播营销也需要将多领域的营销策略整合起来。

第四章

直播电商的心理学逻辑

从本质上说，直播电商是将消费者带入一个特定的消费场景中。在这个场景中，直播团队利用各种话术、展示、互动等，影响消费者的心理，从而实现从粉丝到购买的转化。掌握消费心理学，对打造直播爆款具有重要作用。

一、爆款背后的消费心理

1. 消费心理的基本概念

消费心理，是指消费者进行消费活动时所表现出的心理特征与心理活动过程。

消费者内心发生的一切心理活动，以及由此产生的消费行为，包括消费者观察商品、搜集信息、选择品牌、决策购买方式、使用商品的心理感受和心理体验、向生产经营单位提供信息反馈等。消费者的心理活动是一种复杂的思维现象，各种心理因素相互影响、相互制约，交织在一起，并不断变化。

"现代营销学之父"科特勒说：市场营销管理的实质是需求管理。了解、刺激和满足消费者需求，在营销工作中都是非常必要的环节。消费者的消费心理过程包括引起注意、激起兴趣、产生购买欲望、决定购买和满足。

在直播电商盛行的时代，用户看直播的频率有多高？某一机构的调查统计显示（见图4-1），近三成网民每天都看直播，仅有3%的网民表示从来都不看。艾媒咨询分析师王清霖表示，2020年疫情期间网民无法外出，短视频的观看时长更长、线上购物频率更高，对电商直播平台都有一定的利好作用。

图 4-1　网民看直播的频率

根据调查，五成网民会在看直播时购买网红推荐的产品，只有两成网民表示没买过产品。根据进一步的调查，多数购买者是因为被主播的推荐话语技巧所吸引，忍不住就"剁手"了。图 4-2 显示，13.8%的用户表示看直播是因为它能更直观地展现产品全貌；39.3%的用户认为直播间很多人都在抢购，不买的话感觉会错过；43.3%的用户是因为喜欢并且信任主播，才会购买其推荐的产品；45%的用户是因为主播推荐的话语技巧高超，被其介绍打动而购买产品，这也是占比最大的原因。

核心要点

洞察消费者的心理，可以更好地了解消费者的需求，高效地连接产品卖点与消费者需求，是产生关注、购买、满意、忠诚等行为的起点。

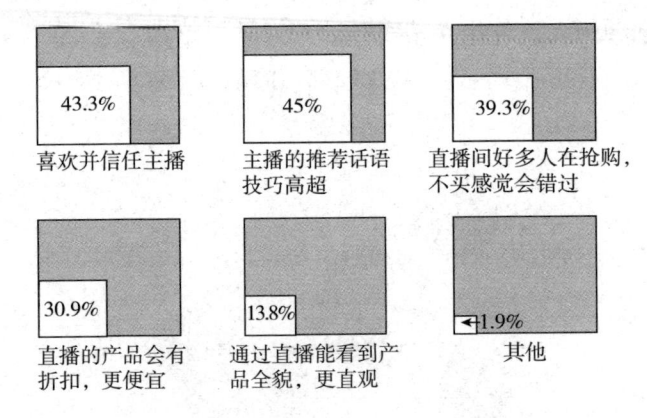

43.3%	45%	39.3%
喜欢并信任主播	主播的推荐话语技巧高超	直播间好多人在抢购，不买感觉会错过
30.9%	13.8%	1.9%
直播的产品会有折扣，更便宜	通过直播能看到产品全貌，更直观	其他

图4-2 购买主播推荐产品的原因

2. 消费心理类型

（1）求实心理。

求实心理也称"实用型消费"，这是一种以注重产品的实际使用价值为主要特征的心理。具有这种心理的消费者，在购买产品时比较注重实际效用和质量，讲求经济实惠、经久耐用、使用方便等，而对产品外形、色彩、包装等不大讲究，他们购买行为的核心是"实惠""实用"。有这种心理的消费者在直播电商最初兴起的淘宝平台是最多见的，后来的蘑菇街平台上也是持这种心理的消费者居多。

看直播就可以看到产品的全貌，不仅可以节约自己选择的时间成本，还可以用更低的价格买到更优质的产品。不同于二维图片所呈现的产品详情，消费者通过屏幕可以清晰地看到直播间中的整件产品，以及获得使用方法、穿搭技巧等生活知识。直播间时不时给出的折扣、优惠券等，能让消费者用优惠的价格买到心仪的产品。

"口红一哥"李佳琦，是涂口红吉尼斯纪录保持者，没有女生可以空着手走出他的直播间，甚至口红都被李佳琦"安利"到直接断货。消费者除了有被"种草"的幸福感，还有赶紧下单的紧迫感。就连马云跟李佳琦同在淘宝直播平台PK一分钟卖口红，也迅速败北：一分钟内，李佳琦卖出1 000支口红，而马云只卖出10支。

李佳琦的直播能充分满足这类实用型消费的两大诉求：节约时间和买到更便宜、更合适的商品。他了解彩妆并赋予每一支口红不同的特质，同时也了解女性对口红的需求。他会现场示范，直接把口红涂嘴唇上，说明哪种口红对不同的女生更为合适。加上在直播过程中推出了层出不穷的各种优惠活动，足以满足消费者的求实心理需求。

> **核心要点**
>
> 消费者购买产品或服务的目的在于满足自己的某种需求，对品质的追求才是消费者最基本的消费心理，他们永远不想买一件质量差的产品。

（2）求美心理。

求美心理是以追求产品的艺术价值和欣赏价值为主要目的的消费心理。不少消费者会将"美观"作为一个重要的购物条件，特别重视产品的造型、色彩、包装等。随着人们生活水平的提高，人们在享受产品的同时，也注重心理和情感上的满足。这是目前很多品牌将自己的海报做得足够有创意的重要原因。

比方说江小白将一种文化内涵融入酒中，凭借着精美的文案，创造了一次又一次的销量奇迹。小罐茶售价不菲，但它真的物超所值吗？当小罐茶零售额突破10亿元的消息传来时，整个茶行业为之震惊。小罐茶凭借着全新的产品形态和思维模式撼动了整个茶界。在小罐茶出现之前，人们从来没有想过茶也可以如此年轻时尚（见图4-3）。当茶叶品牌吸引到了年轻人时，其焕发新生机就算不上什么难事，尽管这款产品本身受到了很多质疑。

图 4-3 小罐茶精美的外包装

在这个注重"颜值"的时代,有些消费者更加注重产品的造型、色彩、个性和独特的制作工艺,转而购买那种实用性不强,但价格不菲且造型精美的产品。除了包装和文案求美的心理之外,人们对外观也更加注重。因此,可以增加美感的物品在直播时非常受欢迎。

> **核心要点**
>
> 随着人们生活水平的提高,消费者不仅关注产品的实用价值,而且更加关注产品的"颜值"。美观的产品更容易受到青睐,能在同类产品中脱颖而出,正所谓"颜值即正义"。

(3) 从众心理。

从众心理也叫"羊群效应",是指人们受到多数人的一致思想或行动影响,个人的观念与行为由于受群体的压力或引导,而向与多数人一致的方向转变的现象,常常表现为群体性集体购买。从众心理简单地说就是跟风、随大流。

直播间是最容易产生从众心理的地方。调查表明，购买行为具有无目的性、偶然性、冲动性的特点。消费者在对商品不熟悉的情况下会倾向于参考他人的评价。综合考虑专家和普通用户的评价可以让消费者对做出的决策更有把握。另外，人们希望他人接纳而非排斥自己，期待得到积极评价，即让自己显得更"合群"，所以有时候虽然自己对某款产品的体验不好，但是如果多数人都说它好，自己的内心也会动摇。

这种从众心理在现实中经常能看到的就是"饭馆效应"。当消费者在一个陌生的地方需要解决用餐问题时，如果他有很多餐馆可以选择，那么最优的策略就是选择人最多的那家餐馆。"饭馆效应"反映了很多消费者的心态，即从众心理：既然那么多人都买了，那么我跟着买就肯定没错。

在直播间，很多主播很好地利用了从众心理，即暗示粉丝：大家都买了，你跟着买肯定没有错（见图4-4）。

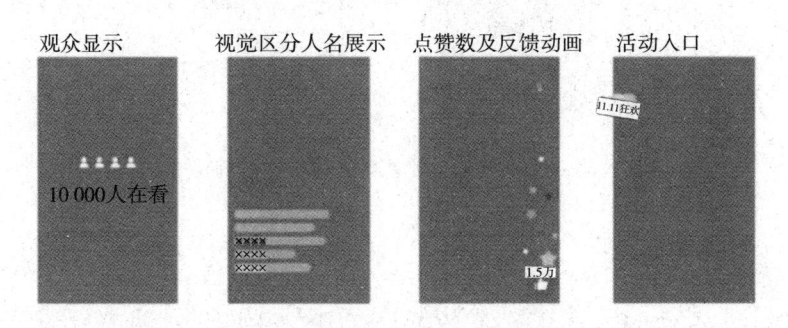

图4-4 直播间从众心理诱因

互联网"制造"出的"双十一""6·18"，正在输出这样一种概念：每年的这个时候买东西最优惠。

在"双十一"期间，有些人购买纯粹是因为看到别人都在"买买买",原本自己没有需求,但是也要跟风买。这就是典型的"从众心理"。其实,不只是在"双十一"期间,其他时候这种从众心理也比较常见。

直播间里观众席的设置、观看人数、评论、点赞数及点赞动画、活动入口链接等,都能传递出直播间火爆的气氛(见图4-5)。我们可以将有助于引导购买的信息外露,例如,某某已购买,多少人想买,等等,营造一种大家都在买的感觉,让那些有选择困难的消费者被少数购买态度明显的人影响。

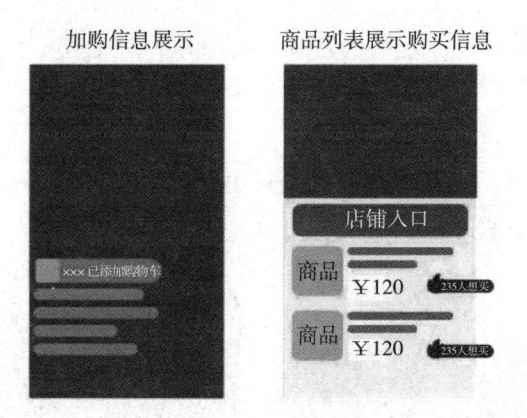

图4-5 直播间里各种数据统计会诱发从众心理

核心要点

人们对于未知物,总是喜欢和其他人选择一样的,毕竟多数人的共同选择能给人带来安全感和归属感。在直播带货的氛围下,主播话术、商品评价、粉丝互动等行为会使得理性的消费者也变得不再理性。

（4）稀缺心理。

在消费心理学中，人们把"物以稀为贵"引起的购买率提高的变化现象，称为"稀缺效应"。这符合稀缺性原则：当获取某一物品的机会越少时，想要的人就会越多。

在营销中，饥饿营销便充分地运用了稀缺心理。商家有意地调低产量，造成供不应求的现象，这样既可以维护产品形象，又可以在一定程度上提高产品销量、售价、利润率。营销界比较著名的案例是小米的饥饿营销。小米手机供货紧张，每次发布大概只有一两万人能拿到真机。对此，雷军曾表示，大量高端定制器件在生产环节很复杂，一时难以满足广大用户的需求。但这其实是雷军的饥饿营销罢了。当时，在小米论坛上有很多网友求预定号的相关帖子，这样看来饥饿营销的目的达到了。

直播间里，限量销售、限时特购等模式，正是利用了消费者的稀缺心理。例如，很多主播都会说"某某产品只准备了200套"，很多消费者便会迫不及待地下单，就怕抢不到。例如，汪峰在直播间里卖ROG笔记本电脑，1 800件产品几乎秒光。这里面蕴含着的就是稀缺性原理。头部网红的直播间里都是成百上千万的观众，而商品只有几千件，这个时候这款产品相对于庞大的观众群体来说就是稀缺的（尽管在直播间外这款产品很可能并不稀缺）。当其他人都在直播间抢购时，我们的大脑就会受到稀缺性原理的影响，无法进行理智的判断，只想得到这款产品（见图4-6）。

> **核心要点**
>
> 大部分主播都会在直播时向消费者强调商品库存有限、低价也是有限的，这其实是商家与主播运用的饥饿营销方式。"物以稀为贵"唤醒了消费者追求稀缺的消费心理。

图 4-6　李佳琦直播间的口红瞬间秒光

(5) 权威心理。

心理学中的权威效应，又称为"权威暗示效应"。这种效应源于：人们都有安全心理的需求，认为权威人士或者权威机构等往往是正确的，服从他们/它们会使自己有安全感，增大不会出错的保险系数。另外，人们总认为权威人士或者权威机构的要求往往和社会规范相一致，按他们/它们的要求去做，会得到各方面的赞许和奖励。

利用权威心理的销售模式，是一种全新的"人找人"的新模式。它重构了传统电商的供需匹配方式：因为我相信你这个人，所以你推荐的东西我就会买。这其实是一种信任经济。

优秀的主播必须做到"人品合一"。李佳琦具有"超级男闺蜜"的人设，并不断强化美妆带货人设，如聚焦美妆（尤其是口红），并非常具体地去介绍产品，把自身体验分享给用户（见图 4-7）。

很多女生看李佳琦的直播普遍有这样一种感觉，自己过往白涂口红了。这是因为，6年的口红专柜工作带给了李佳琦很多的知识和经验，他对口红的了解和描述会让消费者对其产生一种专业权威的印象，进而慢慢在脑海里形成"他推荐的口红不会错"的心智认知。加之李佳琦的声音非常有感染力和冲击力，戴着耳机听了一个多小时，脑袋有一种迷之亢奋。还有很多直播间在介绍产品时，会展示各种权威机构的检测证明等，也是利用权威心理来说服消费者，从而提高转化率。

图 4-7 李佳琦在直播间的经典语录

直播人设打造，是赢得用户信任的重中之重，但要取决于主播的个人特质。2020年天猫"6·18"，有超过600位总裁上淘宝直播。华为、荣耀、苏宁易购、联想、欧莱雅等全球知名品牌都赫然在列（见图4-8）。

图 4-8　公司总裁走进直播间

在淘宝直播间，华为手机产品线总裁何刚现场展示"总裁同款"华为手机，带动华为旗舰店涨粉量达到日常的 10 倍。而苏宁易购集团零售总裁侯恩龙走进直播间，带动的销售额较平时提升 100%。在天猫"6·18"之前，还有格力总裁董明珠在淘宝直播间创下 1 分钟 1 200 万元销售额的惊人纪录，尽显"淘宝带货女王"本色。蔚来创始人李斌也走进汪涵的直播间卖蔚来新能源汽车，一晚上锁定订单额达 1.28 亿元。

"总裁直播潮"成为当前最热的趋势，也被越来越多的商业大咖所接受。各品牌总裁可谓行业领域的专业人士，各界权威代表纷纷直播带货。基于行业最牛品牌效应，消费者必然会"买买买"。从美妆、服饰到餐饮、旅游，这股总裁上淘宝直播的大潮将更加汹涌。

> **核心要点**
>
> 充分调动消费者的权威心理,这也是主播积极塑造专业人设,让消费者产生信任背书的原因,因为消费者相信专家挑选的产品肯定是好产品。

(6)损失厌恶心理。

人们天生对损失更敏感。当可能产生损失时,人们会下意识地采取行动来避免损失。人们对损失的敏感程度要高于对获得的敏感程度,这叫损失厌恶,也叫损失规避,是指人们面对同样数量的收益和损失时,认为损失更加令他们难以忍受,损失时的痛苦会大大超过获得时的快感。比如,你损失十块钱的痛苦可能需要获得二十块钱才能弥补。

网红们在直播带货时往往会附带一些优惠,比如代金券或者赠品(见图4-9)。这些优惠其实价值并不是很高,但在直播间外购买同样的商品就没有这些优惠。这个时候,损失厌恶心理就开始发挥作用了。观众会觉得如果不买就失去了这部分优惠,损失厌恶心理就会驱使观众下单。本来看直播只是打算买支口红,结果买了口红、零食、取暖器、电炒锅等一系列商品。商品无须自降身价,各种小优惠就会让你有物超所值的感觉。

在人性中,或多或少存在占便宜的心理,这种心理使人在每占到一次小便宜的时候便会产生相应的满足感。各路商家也利用消费者的这种心理,做了很多相应的活动,如赠品、免费体验、打折、清仓、大减价、五折起、满减购物券、实付满多少元送多少等。这些相关的营销套路都是为了让消费者产生占到了便宜的心理。电商需要预留40%以上的价格空间进行促销也是为了满足消费者的这种心理。

图 4-9　直播间里各种各样的优惠

　　产品在直播促销中在价格上通常有 30%～60% 的折扣，这是直播最重要的策略。其本质就是在一种紧张刺激的气氛下，用巨大的优惠征服消费者的心智，让消费者冲动性消费。为了对抗"物质损失""失控"的感受，人们就会做出对应的行为反馈。

　　在直播间销售的产品限量上架，主播会不断地强调"这款产品我只能拿到 1 万份""只有 5 000 个美眉可以抢到它"等，这意味着如果你的手速拼不过其他人，你就会失去这次购买的机会，从而营造出了"资源稀缺"的氛围，这就是恐惧产生的原因。"错过了今天的直播就要恢复原价"，营造出了"不可掌控性"的氛围，这也是恐惧产生的原因。

　　为了对抗"错失便宜物品导致的损失"，就会有消费者每天蹲守在直播间；为了对抗"再次直播时间不确定"的失控感，就会有消费者立即购买而不是等到自己真的需要了再购买。

在直播间里，这种"便宜"就显得更加直观。"买一赠一""拍下立减""买正装送小样"，这些都能让消费者感觉占到了便宜。所以，头部主播都非常在意谁能拿到最低价，因为只有最低价才能满足人们贪婪的本性。

> **核心要点**
>
> "给你100元，你可能只会小小地开心；但再抢走这100元，你会非常不开心。"面对直播间里的优惠券、折扣、限量抢购等策略，消费者会认为不利用这些优惠就是一种损失，即使有些产品并不在他们的需求列表中。

（7）场景融入心理。

逛街是线下的一种生活方式，即使不买什么，很多女性也把逛街当作一种乐趣。观看网红直播带货，可以看作在虚拟网络空间的一次"逛街"，用户进入"逛街"场景中，即使不买什么，也可以感受到"虚拟逛街"的乐趣。

电商直播是现实生活场景的一个构成部分，有时间就看看，不在乎下单数量，而着力营造网上"逛街"的气氛。电商直播这种"逛街式"场景成为线下逛街的一个重要替代。电商直播除了解决传统图文展示的痛点之外，还能使用户与主播互动、看到其他买家的踊跃参与，让用户购买体验不再是与其他买家隔离的"孤岛"，而更像是线下场景中的逛购。

访谈聊到对直播的感受，用户提到最多的也是看主播、围观讨论以及抢优惠，享受参与其中的乐趣。这种身临其境的沉浸式体验，就是社会临场感（social presence）。社会临场感使得线上人际互动的感知显著增强，本质上将个人消费行为变成了社会化消费行为（见图4-10）。

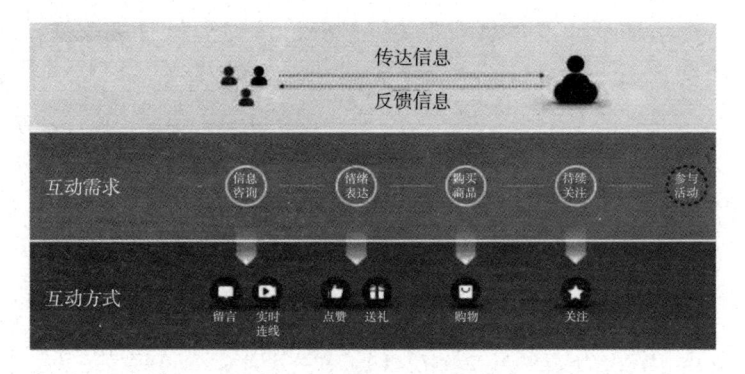

图 4-10 场景融入的传导机制

> **社会临场感**
>
> 　　营销领域将社会临场感定义为媒介允许用户将其他人当作一个心理存在者的程度。网站的互动特性能促进个人临场感的比较，由网站传达的社会临场感通过影响享乐感和有用性等感知来影响行为意图。简而言之就是"不在面前时却有面对面的感觉"，让用户感知到类似于真实环境的温暖和社交。
>
> 　　如果通过某种载体沟通的真实感越强，社会临场感越强，那么这种沟通也就越有效。毫无疑问，当下直播是最成熟、使人社会临场感最强的载体。电商直播中，用户能直接与主播互动，感受其他买家踊跃参与的热闹氛围，让原本一个人逛街变成一群人一起"逛街"，将个人消费行为变成社会化消费行为。

社会临场感能强化用户的网购安全感知和购买态度。众多研究也发现，比如用户与商家在线互动可以增强临场感，提高用户对店铺诚信和善意的感知；而使用虚拟人物形象可以通过临场感提升享乐价值，增强消费者对网站的积极态度。

以吃饭直播为例，主播可以从视觉、听觉、味觉、嗅觉多方面为临场感的生动性营造气氛。与此同时，网络直播又为临场感的又一要素——互动提供了很好的工具。网友在观看直播的同时，不仅能与主播互动，还能以弹幕等形式与其他网友互动。例如，某个比较火的烹饪教学直播间里，一位主播边做饭边和观众互动，虽然是烹饪教学，但更多的时间里主播都是在和观众互动，在这期间各种付费礼物一直在刷屏。这在增强了观众的临场感的同时，也进一步提升了他们的付费意愿。

在直播环境中，社会临场感只是背景，并非让人感到身临其境就会狂热参与到剁手队列中。回想一下电视购物节目中，你对某款商品有点心动时，主持人是怎么踢出那临门一脚的。这时候，你的脑海里可能会响起"不要9 800，只要998""又有顾客打电话进来，只剩下最后100件了""现在打电话进来的客户还可获赠价值998元的……"等，其中刺激用户真正付钱的心理就是"在利益驱使下有紧迫感的从众心理"。主播的推荐、其他的买家拥趸，增强了消费者对判断决策的信心，与他人的选择保持一致也降低了决策失误的概率。直播间的氛围与互动交流唤醒情绪，使消费者更容易有购买冲动，从而形成最终的从众消费行为（见图4-11）。

社会临场感的产生是前提，所以电商直播本质上也是一种沉浸式体验，也说明了为什么越来越多的人在享受观看直播的同时进行购物。

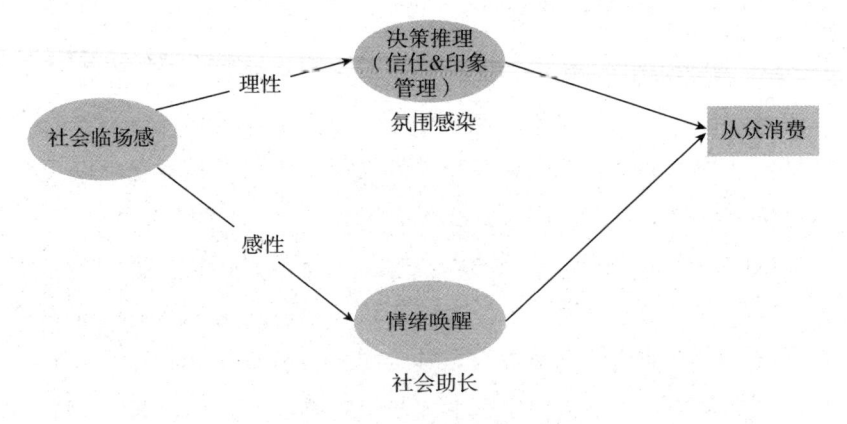

图 4-11　社会临场感的作用

> **核心要点**
>
> 　　当消费者进入虚拟购物场景时，直播间内的热烈互动会调动起消费者的情绪，加之主播的引导，已融入场景的消费者就会产生冲动性消费行为。

（8）粉丝追捧心理。

明星经常会占据娱乐新闻头版头条，明星的一举一动都会受到粉丝的关注，因此当明星出现在直播中与粉丝互动时，会出现极热闹的直播场面。

2016年夏季里约奥运会，奥运名人在开赛第一天便开始迅速升温，各大品牌纷纷邀请明星运动员或前奥运冠军参与直播。与常规的明星营销不同，伊利采用了"明星营销＋颜值营销"的方式，在强化产品口碑的同时提升了销量。以往企业考虑的是明星人气，而伊利更看重的是明星本身气质与品牌形象的匹配度。也正是遵循这个原则，使得伊利的三场直播明星嘉宾阵容一经曝光就让人眼前一亮。

对于拥有追星心理的消费者来说，价格、适用性等商品属性不是这类消费的主要目标。更多的受众是因为追星而成为直播平台用户，进而成为消费者。

如 2020 年 4 月 1 日晚 8 点，罗永浩在抖音首次直播带货，利用他的人气和影响力，在 3 小时的直播中使交易总额超 1.1 亿元，累计观看人数超 4 800 万，创下抖音直播带货的新纪录。

在李佳琦的直播间中，通常有 400 万人，其中很大一部分是他的固定粉丝。"我看过李佳琦的所有直播，"一位办公室女士兴奋地说道，"他充满激情的语气吸引了我。"与淘宝上的其他 KOL 相比，李佳琦更热情。"OMG，这太神奇了！"是他的口头禅。此外，他说了很多不同的恭维话，以称赞女孩在使用他推荐的产品后看起来多么漂亮。此外，他的语调更高，说话速度也比其他人更快，这激发了粉丝购买商品的热情。他的新粉丝在微博上发帖说："李佳琦是个'恶魔'，昨晚我第一次看了李佳琦的直播，但是我不明白为什么要在头 30 秒内购买该产品，我甚至担心它缺货！"

关于"利益驱动型粉丝经济"，再举个典型的例子。2018 年 4 月 26 日凌晨，范丞丞在微博发布了两张付费照片，需要 60 元才能看原图，导致 8 万名粉丝支付，收入高达 480 万元。

"粉丝经济"的特点是更在意明星本人，而非所购买产品的实际价值。

各路明星入驻直播间，成为 KOL，参与直播经济，这是合理的（见图 4-12）。首先，这些明星已经拥有大批粉丝，能够带来流量。其次，公众对明星的信任度更高，因此人们更愿意购买明星推荐的产品。

图 4-12　明星进驻淘宝直播间

> **核心要点**
>
> 　　明星或网红直播带货，可以将自己的粉丝群转化为消费量，具有追捧心理的粉丝更容易受到感召，商品的品质、价格等因素反而不太重要。

3. 消费心理形成的消费模式

在介绍了上述八种消费心理后，需要了解的是，消费心理不能做单一的考量，它们是相互交织、综合作用的。这些消费心理形成的消费模式可以归纳为两种。

（1）重心在商品上的消费模式。

最早在淘宝出现的直播电商主要是基于求实心理：通过观看直播能够直观看到商品，比图片更立体和真实，而且直播间往往还有优惠。直播电商有一定热度后，消费者围绕直播电商开始形成一些话题，交流对商品的看法，于是便有了基于社会交往需要的直播电商需求。这种消费心理集中关注商品的性价比、商品的话题度、商品的适用性等属性，是关注"物"的消费心理。

(2) 重心在主播（网红）或者其他事情上的消费模式。

基于粉丝追捧心理、场景融入心理和损失厌恶心理的消费都属于这一类。带货网红的出现逐渐使得直播平台成为一个追星平台，粉丝追网红而聚于平台，商品已经不是中心，网红才是关键。直播带来的逛街体验感、对"人"或"事"的感动都促使用户产生消费行为，这种消费有实际需求的因素，但更多的是因情感因素而关注和购买。这些消费心理更多地偏向对"人"或"事"的消费，对"物"的消费比重降低了很多。

除了淘宝、拼多多、蘑菇街等电商平台开始直播带货以外，一些短视频巨头也开始在这一领域积极布局。如抖音、快手等短视频平台大举进入直播电商领域，凭借平台自带的巨大流量，大大拓展了直播电商的内涵。目前的直播电商消费模式正在从"物"的维度扩展到"人"或"事"的维度，从单纯的经济现象演变为一种文化现象。

对于直播电商来说，后结构主义范式下商品本身的价值不再是消费者主要关注的对象，消费者更在意的是体验直播过程的快感和愉悦。粉丝看直播不在于主播说了什么、做了什么，他们享受的是与主播"在一起"的愉悦；粉丝购买一些商品，在外人看来没有实际价值，但在粉丝看来"喜欢就值得买"；喜欢场景消费的人不是为了某一个直接目的而看两三个小时的直播，而是在享受一种场景体验。

对于作为一种新的商业形态存在的直播电商，不同消费心理会同时存在。有些时候，消费行为的产生可能是几种消费心理的综合作用。

> **核心要点**
>
> 消费者观看直播带货的消费心理，从本质上讲，切入点要么在商品本身，要么在主播个人。而随着直播电商的发展，消费者更在意的其实是场景体验感。因此，洞察消费者心理也就不能再单一考量，可能需要多方面考虑。

二、爆款背后的粉丝运营

1. MCN 机构助力多方共赢

在网红经济时代，电商就是变现的重要方式；用影响力做生意，是一件顺理成章的事。大趋势上，直播会成为电商平台的标配，内容平台会标配电商。在"直播热"褪去、电商增长瓶颈初现后，电商平台力图通过直播带动流量和营收增长。这是一种从"直播往电商"向"电商往直播"的转变。

纯粹的电商直播缺乏粉丝基础，平台方的流量分配影响非常大，因而自带流量的网红就成为品牌商们理所当然的选择。与商家、品牌加深带货合作，也成了 MCN 机构在继内容营销后，找到的另一个价值出口。

直播电商与传统电商的区别在于，它有更为丰富的内容生产、输出和商业变现，平台通常承担吸引流量、制定规则、促成交易等职责，不直接输出内容，内容生产主要由网红及相应的 MCN 机构负责。

MCN 全称为 multi-channel network，是一种多频道网络的产品形态，主要依托电商、社交、视频等平台，整合内容创作者资源，如网红、UP 主、大 V 等，持续进行内容生产、输出并实现商业变现（见图4-13）。MCN机构早期以微博、微信平台图文内容运营为核心。短视频、淘宝直播出现后，新MCN机构不断涌现，以视频为内容媒介。

> **核心要点**
>
> 依靠MCN机构，商家能提升宣传力度并获得更大的成交量与利润，消费者获得更多物美价廉的产品和精神享受，主播及其平台机构也可以获得流量、影响力及利润，实现多方共赢。

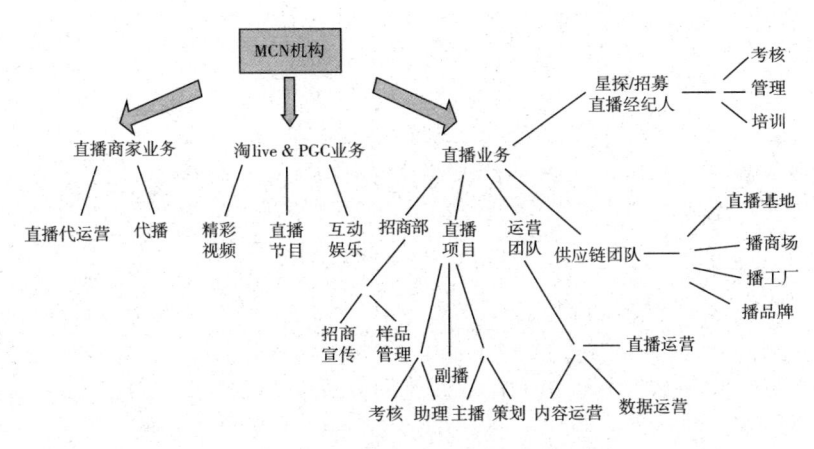

图4-13 MCN机构的组成要素

资料来源：播布斯。

由于主播头部效应明显，粉丝数、带货金额显著较高，对上游品牌商的议价能力强，反过来又能拿到更好、低价的货源，以吸引、维护粉丝，实现正向循环。因此，MCN机构尽管行业格局分散，在未来集中度有望快速提升。拥有头部主播、批量主播孵化能力的机构将抢占更多品牌商、粉丝资源，体量扩大后对主播、平台、品牌的话语权也将提升。

淘宝直播的发展时间相对较长，头部MCN机构初露头角，谦寻文化、美腕、构美、纳斯等培育出头部主播，粉丝数、主播影响力、商业价值、直播价值等均处于较高水平（见表4-1）。

表4-1 淘宝头部MCN机构商业价值排名（2019年11月）

机构	机构指数分	商业价值分	主播影响力	主播孵化能力	总粉丝数	代表主播
谦寻文化	909	954	1 000	921	3 848.9万	薇娅、阿希哥
美腕	845	937	1 000	211	1 566.4万	李佳琦、胡月明
蚊子会	818	933	305	500	1 015.1万	Fashion美美搭、小丫MOMO
本新文化	751	828	347	556	321.5万	大欢欢111、SHIRLY李欣瑜
明睿传媒	755	859	155	515	382.4万	花花Daisy、呼呼美呼
构美	794	939	202	318	2 518.6万	赵大喜、徐琳
集淘	761	899	240	369	1 305.1万	叶宝宝、仙女小洋洋
纳斯	770	906	251	352	1 537.9万	六公主、商商sunny
阿卡丽	744	867	419	180	371.4万	恩佳N、李点点
秀猪	712	837	190	208	579.7万	小小玉米Corn、雅雅子古丽

资料来源：淘榜单。

MCN机构的具体业务主要为网红签约、孵化、社区运营、内容创作、内容分发、平台对接等。对于直播电商来说，MCN机构主要从事网红与品牌撮合、网红孵化、供应链管理、电商代运营等业务，涉及范围较之前更广，商业模式更加多元，收入空间更大。目前，直播平台头部主播多以MCN机构的形式运作，签约孵化更多网红，如李佳琦、薇娅，由个人IP向机构化转型。

MCN机构的主要竞争要素是优质品牌和供应链保障能力。MCN机构主要通过电商变现，优质货品是维持用户忠诚度、保障主播持续带货的重要资源。MCN机构直接连接品牌商与主播（粉丝），规模化、去中间化以降低渠道费用，背后需要优质供应链团队寻找能够快速反应、满足粉丝痛点并具有性价比优势的商品。例如，薇娅筹建超级供应链提供货源，李佳琦拥有百人选品谈判团队。

随着直播电商的发展，尤其是很多泛娱乐平台加入直播电商领域后，很多具有供应链管理、商品选品、直播间运营与管控等能力的机构开始与大流量主播合作。这些新的服务机构为主播进行直播电商提供全流程的服务，与传统的基于内容创作与变现、粉丝服务等业务的MCN机构已有所区别。这些服务机构更多地从"人、内容、商品"等视角来服务主播，为其流量变现提供更多服务。已有一些平台意识到这些区别，将这些机构视为"直播电商操盘手"。《网络直播营销管理办法（试行）》从法律责任的视角提出了一个新的概念，即"直播间运营者"。这个概念说明了直播电商的主体正在不断丰富。

主播是联系厂商与消费者之间的桥梁。在良好的运营下，平台、网红、厂商和消费者可以形成四方受益的良性循环商业模式（见图4-14）。

网红在淘宝等电商平台进行直播，通过选品、议价与厂商合作，将物美价廉的商品销售给消费者。在这一销售过程中，消费者买到了价格优惠的商品；厂商实现了去库存、薄利多销，同时打响了自身品牌的知名度；电商平台流量增加，通过广告增加了收入；

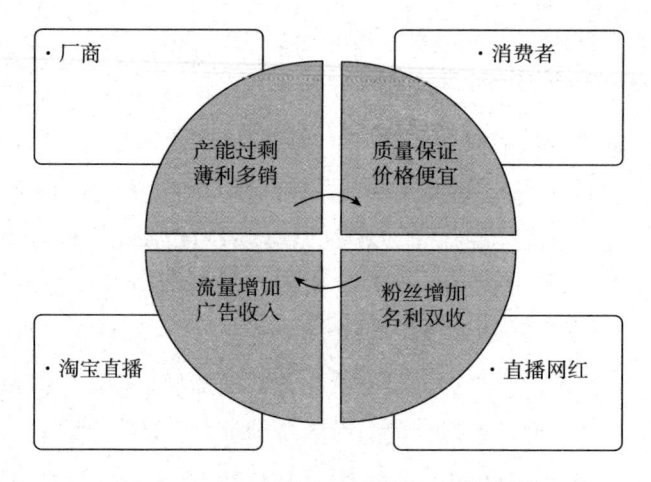

```
·厂商                    ·消费者

        产能过剩    质量保证
        薄利多销    价格便宜

        流量增加    粉丝增加
        广告收入    名利双收

·淘宝直播                ·直播网红
```

图 4-14 四方受益的良性循环商业模式

而直播网红在赚取佣金的同时也获得了粉丝的信任，维持了粉丝黏性。这种"利益驱动型粉丝经济"比传统方式要高效得多，可谓实现了多方共赢。也正因如此，网红直播卖货成了商家的新战场。

2. 主播促成双向沟通

主播连接品牌与消费者，成为新消费场景下的核心角色和流量入口。带货主播通常具有某些优势，如外表、口才、技能等，从而吸引粉丝，结合优秀的销售能力，如选品、了解商品、推荐商品等，从而完成变现，将积累的粉丝转变为有购买力的消费者。主播行业"二八分化"明显，顶级带货主播较为稀缺。

直播电商产品日益丰富，涵盖美妆、服饰、食品、家居、数码家电、汽车等品类，加速各品类线上渗透率提升。根据淘榜单发布的《2020年商家直播白皮书》，2019年12月开播商家数量、日均开播场次、淘宝直播成交金额渗透率同比增长近1倍，直播带动商家成交总额增速高于大盘平均水平。

从行业来看，淘宝直播销售以女装、珠宝饰品、食品、美容护肤等为主，这些是淘宝平台传统优势类目，商家参与直播的积极性较高。此外，汽车、房产等大宗消费品行业及宠物、相机等小众行业同样丰富了直播品类。

直播商品的最大优势即低价。直播商品以低价、高性价比为主要卖点，除输出内容、与粉丝互动外，主播为粉丝提供全网低价商品，成为引流、宠粉、获取粉丝信任的方式。淘宝、快手主播（尤其是头部主播）与品牌商合作通常会要求产品低价保证。

主播的核心竞争力源于两个方面：一是价格足够优惠，二是选品、推介的专业性。其中，比价是显性的，选品是隐性的，前者直接关系到直播间的即时转化率，后者影响着消费者评价、复购乃至退货率。

中国消费者协会在 2020 年 3 月 31 日发布的《直播电商购物消费者满意度在线调查报告》显示，通过观看直播转化为购物的原因，排在前四位的是商品性价比高（60.1%）、展示的商品很喜欢（56.0%）、价格优惠（53.9%）、限时限量优惠（43.8%）。总体来看，能够吸引消费者决定购物的主要原因还是在于商品本身的性价比和价格优惠程度。

> **核心要点**
>
> 主播作为商家和消费者之间的连接桥梁，通过选品与供货方沟通交流顾客需求，再依靠自身影响力为消费方提供价格优惠。

3. 直播电商多方博弈关系

随着电商直播领域的"马太效应"愈加明显，渠道价值不断加码，主播的议价能力也发生了变化。主播之间，不仅以"全网最低价"的拿货能力吸引用户，也以坑位费、抽佣率划分层级。

渠道价值的问题，关键在于话语权。

"携用户以令商家"，电商直播把头部主播（MCN机构）的话语权提升到了一个非常高的层级，主播要兼顾为消费者提供"低价"商品与自身收益的增长，必然会不断挤压商家、品牌方的利润。如果商家通过主播出货的利润低于抽佣费，就得面临是否亏钱买曝光机会的抉择。

据第一财经报道，朴西电商的负责人透露，李佳琦"双十一"当天的链接费为15万元，分成比例为20%，他们和李佳琦合作了5次，亏了3次，"双十一"当天更是亏了50万元。

对于消费者，购物是生活内容；对于商家，卖货是商业活动。消费者需要的是高品质、实惠，商家更看重卖货效率。在这种情况下，两方的诉求在消除了传统的供应链渠道、经销商平台、品牌化广告的接洽"缓冲"后，来了一次"硬着陆"式的接触。

因而，多数电商直播目前存在着非常严重的双端诉求错配。短期内实现高销量、高声量的成绩很容易，但错配的长期代价就是品牌价值与消费热情的损耗。

"全网最低价"可以看作一种另类的"批发"（不完全等同）。价格是由供需决定的，而"批发价"的形成，往往由厂商、经销商的博弈决定，经销商保证出货量，从而分担厂商的风险、降低厂商的边际成本，这都是渠道价值的体现。

在传统零售中，"流通即成本"。商品普遍经过二级、三级批发商（经销商）再到最后的终端零售商，中间加价很容易超过50%，甚至是倍数级加价。在电商（网络零售）中，"渠道即成本"。商品能够实现从一级仓储直达消费者，其中的电商平台抽成、电商代运营成本依然存在，只不过电商的集聚效应、渠道效率、价格相比传统零售还是有优势的；普遍的电商直播，是在电商基础上，增加了直播的渠道。当直播间的出货量足够大，在"全网最低价"的情况下依然能够覆盖商品的边际成本时，商家就是有利润的。

从博弈论的角度看，"零和游戏"对电商直播而言不是一种结果，而是一种趋势。

在直播带货的链条中，商家让利的受益方包括平台、机构、主播、消费者，话语权最小的还是消费者。渠道效率与价值之间的平衡一旦被打破，成本最终还是会摊到消费者头上。2019年"双十一"李佳琦直播期间，百雀羚临时取消了双方的合作，这就是一次品牌方评估收益改变决策的典型事件。

淘宝直通车、淘宝客、京准通等，以及刷单、刷评分等（虽是灰产），都是常见的买量手段。直播带货作为一种新兴的电商代运营形式，同样也兼具"买量"功能。

除了"薄利多销"，很多商家、品牌也能接受"亏本买卖"，这种情况更多考量的是曝光量，提高品牌知名度，通过直播快速、大量出货也有助于一些新品、店铺在电商平台推荐权重的提高。

当然，李佳琦也助推了欧莱雅、娇兰等品牌，这是主播与商品、品牌契合度较高的体现，也与直播团队的专业能力直接相关，品牌方需要在合适的主播身上长期砸钱，很难说这种收益是否划算。

直播卖货不是万能的，找到合适的平台、主播、定价，卖货盈利是可以实现的。盲目追求"直播效应"却不能做好成本管控与收益评估，不一定赚钱，大概率会翻车。

看过薇娅和李佳琦直播的朋友们都知道，其特点是价格全网最低，比如，今天一律7折，买一送一，也就是3.5折。直播时卖的很多大牌产品全年几乎很少有折扣，而他们不但能拿到折扣还是这么低的折扣，抢购一空就是常态了。

传统模式下，打造一个好的品牌是需要很长时间来沉淀的，其中要经过三个阶段的市场考验：知名度、美誉度和忠诚度。

要完成这三个阶段才可以获得用户的信任，而这又不是一朝一夕所能完成的。过去，品牌的打造需要口口相传，发展店面需要10年、20年甚至百年。

但在互联网时代，打造一个品牌，可以大大缩短时间，且在利益驱动型经济中完全反了过来：网红需要先有用户忠诚度，才有美誉度和知名度。像李佳琦和薇娅这种主播，先建立自己的核心粉丝群，在帮助一些大品牌卖货的同时，自己也逐渐转型成了淘宝卖货网红，从而演变成一个名利双收的渠道品牌。

> **核心要点**
>
> 　　主播、消费者、商家、平台等多方利益的实现本质上是一个博弈平衡、收益让利的结果，盲目追求"直播效应"却不能做好成本管控与收益评估大概率会翻车。

三、爆款背后的价值传递

1. 传递正能量

"我为湖北胖三斤"！

2020年4月13日晚，人民日报携手"淘宝一姐"薇娅推出"湖北冲鸭"公益直播。所有鸭脖、鸭掌等均一上架就秒光，听说把武汉未来10天的鸭子都抢光了（见图4-15）！

据悉，在这场直播中，鸭舌推出了3万份，锁骨推出4万份……

图 4-15 薇娅直播间销售湖北特产

更多网友表示,"没机会为湖北拼命,现在就为湖北拼个单"。10 天之内,淘宝吃货们已经吃掉了 4 000 万斤湖北农副产品。

2020 年 4 月 30 日,在武汉举办的专场公益直播带货活动中,薇娅为湖北带货 46 款商品,包括鸭脖、热干面、小龙虾、香菇、茶叶、大米等优质产品,并为东风汽车公司出产的新车风神奕炫 GS 车预售进行代言。参与直播活动的湖北优质商品,全部经薇娅团队精心挑选。直播活动持续 4 个多小时,连同前两场湖北专场直播,为湖北总带货额突破 1 亿元。此外,东风新车预售订单 1 750 辆,金额约 17 500 万元。

据了解,4 月 30 日的活动为薇娅团队举办的第一场"薇娅魅力中国行"专场公益直播,也是她与人民日报新媒体合作的"为鄂下单"系列带货直播活动的压轴场(见图 4-16)。疫情发生以来,薇娅一直在关注武汉，心系湖北，在此之前就已经联合人民日报新媒体、淘宝直播举办了两场湖北专场直播，向全国网友推荐了湖北的鸭系列产品、小龙虾、脐橙等特产，取得骄人战绩。另外，2020年4月28日，在商务部举办的全国"双品网购节"上共带货40余款商品，其中湖北"星斗山利川红"分三轮秒杀，2分钟内总计成交4万份，成交金额276万元。

图4-16 薇娅魅力中国行——湖北公益直播专场

流量变为销量的背后，其实是广大网友"为爱下单、主动分忧"的自觉，也是"搭把手、拉一把"的担当。带的是货，暖的是心，展现的是一家亲，彰显的是血脉相连。携手向前冲，就没有迈不过的坎！

不仅是淘宝，抖音、快手等平台也纷纷携手各大网红、明星，推出"湖北专场"公益直播，如央视携手快手直播、罗永浩携手抖音等。

第四章 直播电商的心理学逻辑

除了人民日报，央视新闻此前也发起了"谢谢你为湖北拼单"公益行动的带货直播。第一场便是央视新闻主播朱广权和带货达人李佳琦组成的"小朱配琦"组合（见图4-17）。4月6日，央视主持人"段子手"朱广权与淘宝主播李佳琦组成的"小朱配琦"组合，隔空连线，同框直播，为湖北助力在线卖货。这场公益直播吸引了1 091万人观看，累计观看人次1.22亿，直播间点赞数1.6亿，近两个小时的直播累计卖出总价值4 014万元的湖北商品。不仅如此，朱广权出其不意的押韵打油诗让"小朱配琦"这个临时卖货组合登上了当晚微博热搜榜的榜首。

图4-17 "小朱配琦"组合为湖北公益直播带货

朱广权为湖北带货直播做了精心准备，他的开场是这样的："烟笼寒水月笼沙，不止东湖与樱花，门前风景雨来佳，还有莲藕鱼糕玉露茶，凤爪藕带热干面，米酒香菇小龙虾，守住金莲不自夸，赶紧下单买回家，买它买它就买它，热干面和小龙虾。"没错，第一句便是引用了杜牧的那首《泊秦淮》，网友们大呼看直播太长

149

知识了!该场直播也在网上引起热议。

在这场近130分钟的淘宝直播中,朱广权画风清奇,不仅喊出"我的妈呀""买它",还能引经据典作打油诗;李佳琦则一贯地语速惊人、情绪动人。两位在镜头前紧张地推荐了十几款湖北本地产品,热干面、藕带、香菇、酒酿、茶叶等一上架就被"秒光",许多网友抱怨抢货的人太多,自己啥也没抢到,吐槽"既没能为湖北拼命,也没能为湖北拼单"。

4月10日,罗永浩也推出"湖北专场"直播。按抖音官方提供的数据,罗永浩这次直播只用了11秒就卖光了60万斤的湖北橙子(见图4-18)。

图4-18 罗永浩为湖北公益直播带货

罗永浩第二场带货直播实现支付交易总额超4 000万元,总销售件数超43万，累计观看人次超1 150万。当然，罗永浩这场直播收到近330万元的打赏，其中包括两位"富婆"疯狂打赏的250万元。罗永浩团队表示：首秀收到的360多万元打赏，将全部用来补贴湖北当地的果农；第二场直播打赏近330万元收入也将用在抖音的"援鄂复苏计划"上。相当于罗永浩用两场直播的近700万元收入做了公益。

> **核心要点**
>
> 　　直播不仅可以带货，还能带正能量。新冠肺炎疫情期间，消费者通过直播带货援助湖北，贡献自己的一份力量。

2. 传递社会责任感

新冠肺炎疫情期间，一些平台推出帮助湖北农副产品销售的直播电商，网民支援湖北，直播电商获得口碑和收益。如2020年4月8日下午，抖音"市长带你看湖北"活动首场直播，武汉市政府党组成员李强走进抖音直播间，向网友介绍武汉经济重启和复工复产情况，并推介良品铺子、蔡林记等知名湖北企业产品，当日销售额达1 793万元。抖音的巨大流量和影响力，将地方官员直播电商代言再次推向一个高潮。

湖北解封不久，当地30位县长第一时间开起淘宝直播，湖北货迅速卖爆，武汉51万只鸭子一秒抢光，预售甚至排到了10天之后。淘宝直播间里喊出的"我为湖北胖三斤"口号深入人心。正是2月份县市长的"带货力"爆发，让他们坚定了继续做大"县长直播"的信心。据介绍，3月份来到淘宝直播的县市长达到130人，这样大规模地对农副产品集中宣介，不仅可以帮助滞销农产品销售，还可以通过淘宝这个平台帮助各地打出农副产品的特色品牌，提升农货的附加值。对农副产品的品牌化升级，也是淘宝"造血式助农"模式的生动体现。除了淘宝，其他平台也纷纷推出助农直播（见图4-19）。

图4-19 各大直播平台纷纷推出助农直播

在线下水果蔬菜难卖的背景下，直播成了老乡们喜闻乐见的事。截至2020年2月15日，300多位头部主播在淘宝的对接下与农民连麦，为地里滞销的水果找出路。2月15日的"村播日"有1万多位农民集体开播卖菜。李佳琦、薇娅等主播都劝自己的粉丝去农民的直播间帮忙。歌手吉杰跟直播平台一起帮陕西云岭村的农民卖苹果，1个晚上卖出17000多斤，一晚上苹果就从20多天没卖出去1个变成全村打包都来不及。

"你们的魔鬼来喽"，这不是李佳琦的口红直播，而是山东省济南市商河县的一位副县长正在通过直播带货形式推销当地特色扒鸡。直播过程中，他当场"吃鸡"，3小时就卖出了6 000多只。"县长开直播"成为网络热词，地方官员一改往日严肃形象，纷纷来到台前，以手机直播带货的形式推广当地特色农副产品，助力消费扶贫。

在脱贫攻坚的关键时刻，县长扎堆做网红、玩直播，为本地农副产品打开销路。甘肃礼县副县长高小强，边吃苹果边称呼粉丝为"宝宝"，通过直播卖出了1 500多斤苹果；安徽砀山县副县长朱明春在直播间现场献唱，半小时内卖光了5 000份砀山梨膏；山西平顺县县长任舒文的辣酱上线5分钟卖出8 000多份，相当于平时两年半的销量……县长亲自上阵为本地特色农副产品代言，通过一块块手机屏幕，直达农副产品的广阔消费市场，直接为当地企业和农户带来丰厚收益。

县长直播打通了供需链，为贫困地区与消费市场牵线搭桥。以往一些贫困地区，由于交通不便和对外信息交流不畅，地方企业和农户通过"地摊式"传统模式实现营收，即使产品质优价廉，销路也很难打开。移动互联网为内外信息连通提供了技术保障；而直播带货的走红，真正为打通供需开启了突破口。将农货植入直播，就是把小农户接入潜在大市场，对接了亿万互联网用户的消费需求。

仅仅有通道还不够，县长的带货能力是这类直播的最大推动力。县长给人的印象往往是不苟言笑、正襟危坐。而在手机屏幕前，他们有的狂啃扒鸡，有的变身"段子手"。从官员到网红，身份和行为的反差，使他们在网络上赚足眼球。县长作为当地扶贫攻坚的排头兵，亲自上阵试水直播，探出一条电商扶贫、消费扶贫的路子，不仅亲力亲为带来收益，也对普通农户起到了引领和示范作用。

电商与物流的快速发展，为农副产品走出去提供了保障。县长在办公室开直播，有兴趣的网友直接点开视频中的电商链接进行购买。随后，货品从原产地极速发货，通过物流网络到达消费者手中，整个过程一气呵成。在2020年的"双十一"购物节，越来越多的贫困地区农副产品开始"上网"，在电商扶贫的推动下，农副产品销售额大幅增长，同比增幅64%。与此同时，快捷的物流网络已逐步覆盖中国广大农村地区，日渐完善的农村物流站点体系为农副产品进城保驾护航。

县长们变身直播网红，是增强扶贫脱贫创新活力的具体表现，为贫困地区经济发展开拓了新思路。正如网友所说，"这就是为人民服务的样子"。如此看来，"县长直播"叫好叫座的原因，不一定是县长们能言善道，是天生做直播的料，而是网友从中读懂了县长们放下架子，俯下身子，亲力亲为，以实际行动帮助农民群众的一颗心，他们的行动引起了网友的共鸣，契合了当前社会普遍存在的助农心态。每个走进直播间的县长，一定要永葆初心，珍惜网友的朴素感情，用心用情用力，为网友提供更多更优质的农副产品，为农民群众增产增收出一份力。

> **核心要点**
>
> 直播作为一种可以实现快速广泛宣传的方式，在民族利益面前也发挥了自己的优势——传递社会责任感。不少主播、品牌、明星和政府官员通过直播强大的带货销货能力，助推疫情重创下的经济恢复。

第五章

直播电商的传播学逻辑

一、寻找卖点

卖点，从消费者的角度讲，就是购买商品的各种理由；从主播的角度分析，就是商品符合消费者购买理由的原因。卖点的挖掘与提炼，需要从两个方面入手：一方面是从产品本身入手，另一方面是从消费者的痛点入手。提炼出来的卖点只有契合了这两者，才是具有价值的卖点。

1. 卖点基本概念

卖点是罗瑟·瑞夫斯提出的"独特的销售卖点"（USP）理论的重要基础概念。一个 USP 必须符合 3 个要件：在产品层面，要有独特的利益卖点；在竞争层面，要有独一无二的占位；在用户层面，要能足够吸引人购买。

从消费者的视角看，消费者购买任何一件商品，必定有一个或者多个购买理由。如果直播间里主播推荐的商品没有吸引消费者的地方，是很难卖出去的。

图 5-1 为某品牌一款电炒锅的卖点示意图。由图片可以看出，该款产品的最大卖点就是锅底有钻纹不粘涂层，做饭时不粘锅，容易清洗。该电炒锅容量大，有两个款式可以选择，锅盖是可视化玻璃锅盖，并且一锅多能，煎、炒、煮、涮等。此外，该款产品火力有大小双挡，可随意切换；价格实惠，仅售 139 元；外观时尚大方。所以，该款产品当月在同类产品中销量遥遥领先。

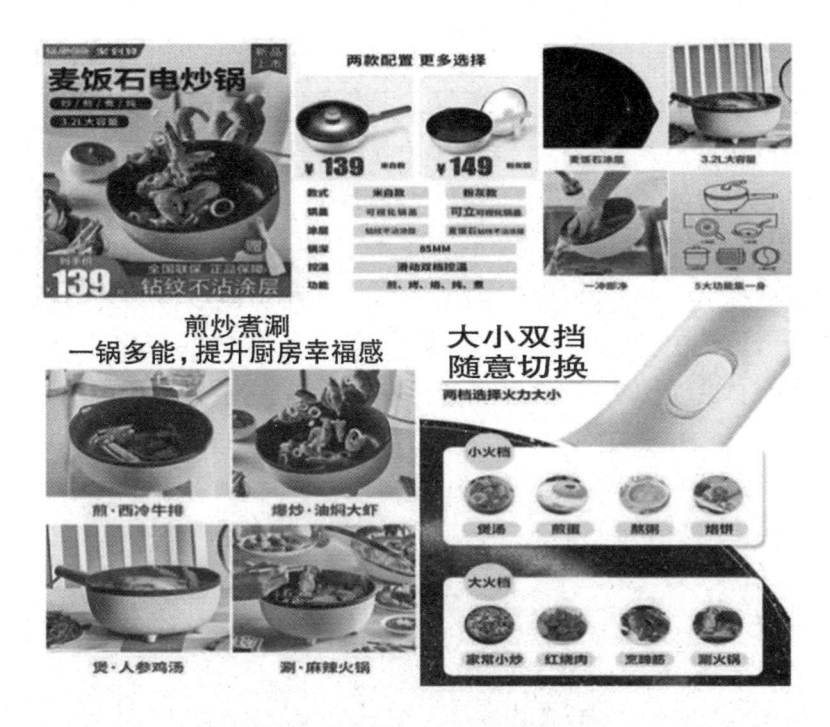

图 5-1　某品牌一款电炒锅卖点示意

在直播电商领域，找到产品的卖点对于主播来说非常重要。近年来，很多主播开始尝试直播卖货这种新的营销方式。但是，大部分主播尝试几次后，效果并不理想，核心的问题就是不会挖掘产品的卖点。

2. 卖点的主要类型

（1）质量卖点。

产品质量是立足之本，是某一产品在市场上能够与其他产品竞争的根源。质量好的产品具有较强的市场竞争力，能够吸引更多的顾客去购买。而质量差的产品会逐渐被消费者抛弃，最终被市场淘汰。不论是简单产品还是复杂产品，在描述产品时，都应当侧重于产品的质量特征和特性。尤其是在直播电商行业，质量卖点一直是产品的第一大卖点，主播更要在产品的质量和档次上深入研究和挖掘。

2020年8月1日，"格力·中国造"全国巡回直播活动第二站在洛阳历史遗址应天门盛大开幕，格力总裁董明珠女士亲自上阵（见图5-2）。当天，河南线上线下的"格力董明珠店"同步营业，最终完成销售额101.2亿元。作为空调行业的"金字招牌"，格力空调以质量好、技术领先闻名。格力也是家电行业唯一不贴牌生产的企业，技术都是自主研发的。质量卖点无疑是这场直播成功的关键因素之一。

图5-2 董明珠洛阳直播厨房场景

质量卖点在现有的大背景下，并不适合所有的产品。很多时尚性较强的产品，本身使用周期就较短，如果只强调质量卖点，则很难获得大的销售量。

（2）功能卖点。

产品的质量是根本，而功能就是在质量基础上延伸出的特点和亮点。产品的功能越强，吸引力就会越大，在市场上的竞争力也就越大。

主打功能卖点的产品往往是以手机、电脑等电子产品为主。而汽车等厂商，也会强调功能上的卖点，如发动机性能等。例如，每年各大手机厂商的新品发布会（见图5-3），主打的就是功能卖点，从手机所使用的芯片、操作系统、摄像头以及特色功能等多个方面进行详细介绍，而且经常会跟同类产品进行对比，来突出自家产品在功能、性能上的优势。

图5-3 华为P40手机后置摄像头功能示意

功能卖点的提炼并不是一件简单的事情。

第一，功能不等于产品参数。有时，参数是非常抽象的，对消费者并不一定具有吸引力。功能卖点不但要强调产品的参数，更要强调产品功能的适用场景等。

第二，选取功能卖点并不一定要强调产品的主要功能。例如，手机的主要功能是通信，但是，有部分手机强调的是音乐功能，还有的强调快充功能或者拍照功能。将这些功能变成卖点之后，手机的销售量有望较之前有较大的增长。

（3）色彩卖点。

直播间里具有充足的色彩展示空间，而且能够将色彩的故事更好地描述出来，所以色彩也是营销卖点的利器。色彩不但是一种视觉感受对象，更是一种故事来源。例如，主播在介绍某种男式服装时，可以强调黄色代表活力年轻、藏青色代表成熟稳重等，通过赋予色彩故事和含义，有利于消费者做出选择。

正因为可以将色彩立体化、丰富化、故事化、含义化，色彩营销策略在直播电商中使用得越来越频繁，逐渐成为各大主播吸引粉丝的重要手段之一。

（4）价格卖点。

在价格方面，主要看产品的目标消费者是谁，要根据目标消费者制定相应的价格策略。产品存在不同的消费者群体，不同的群体对价格的敏感程度并不一样。笔者团队曾对中国消费者做过一些小型调查，发现近70%的消费者是价格敏感型消费者。

在汽车领域，奔驰、宝马等是针对高端消费者群体的品牌，而奇瑞、长安等是针对中低端消费者群体的品牌。

直播电商行业也一样，在直播间销售的产品价格往往要比市场价格低，或者是以发放优惠券的形式来降低产品的价格，从而吸引更多的消费者。"低价"往往成为各大电商主播吸引粉丝的核心营销策略之一。在罗永浩抖音直播间带货的预告里，可以明显地看到价格是他主打的卖点之一，很多大牌产品都是半价销售（见图5-4）。

图5-4 罗永浩直播大牌半价预告海报

> **核心要点**
>
> 营销大师科特勒曾说过:"没有降价两分钱抵消不了的品牌忠诚。"价格方面的实惠依旧是吸引消费者的法宝。

(5) 造型卖点。

产品的外观造型往往是最先吸引消费者的地方,尤其是服装、饰品等。造型卖点在以往的电商销售中很难被充分地展现出来,而直播电商通过各种手段,能够对产品的造型卖点进行更丰富生动的呈现,这使造型在直播电商时代有着更丰富的卖点。例如,在服装类直播间里,主播会试穿粉丝喜欢的衣服,或者专门找模特来试穿衣服,全方位、多角度地向消费者展示衣服的造型设计(见图5-5)。

图 5-5 某品牌直播间主播展示衣服造型

(6) 渠道卖点。

随着全球化的趋势进一步加剧，消费者的目标已经不只局限于国内市场，买遍全球已经成为一种风潮。我国虽然是制造业大国，但有一些产品，国外的质量会比国内的稍好，或者价格比国内稍低，款式比国内稍多，因此很多主播就以供货渠道为卖点，用国际市场的产品来吸引消费者。

最典型的例子就是天猫国际，该平台主打渠道卖点，以我国香港、澳门或者海外市场为购买渠道，满足了消费者"不出国门，全球购物"的需求。在淘宝直播平台，也有"全球扫货""一秒全球购"等专栏（见图5-6），方便消费者通过直播的方式了解海外产品的各种特性，然后进行购买。

图5-6 淘宝直播平台"全球扫货"页面

跨境电商直播就是渠道卖点的一个重要体现。卖家通过直播整个海外购买过程，解决消费者对海淘的信任机制问题。事实上，在直播电商兴起的早期，在海外代购中就流行起了直播营销的方式。

> **核心要点**
>
> 质量、功能、色彩、价格、造型、渠道都可以成为吸引消费者的产品卖点。

二、提炼卖点

1. 从大众营销角度提炼卖点

（1）什么是大众营销。

大众营销（undifferentiated/mass marketing），也称广泛市场营销，是一种常见的市场营销策略。在这种营销策略中，营销者以相同的方式向市场上所有的消费者提供相同的产品和信息，即大量生产、大量分销和大量促销，目的是将产品信息传播给尽可能多的人，使更多的人购买产品。

对于顶级主播而言，由于其粉丝数量极其庞大，很难将粉丝进行分类，因此一般都采取大众营销策略。对于很多新入行的主播而言，其粉丝数量少且类型杂，也可以采取大众营销策略。还有一些泛娱乐平台的KOL，刚转型到直播电商行业时，也可采取大众营销策略。

从理论上讲，大众营销类产品能够满足任何顾客的需求，因此大众营销具有较强的说服力。由于目标受众广泛，包含的消费群体庞大，成功率也比较高。而且大众营销类产品普遍为同质产品，单位产品的生产成本和广告成本也相对较低,广告的受众范围也要大得多。

　　对于大型公司而言,大众营销可能会获得巨大的成功,但是中小型公司使用大众营销就会浪费大量资源,产生的效果微乎其微。此外,市场逐渐由供不应求变为供大于求,由卖方市场向买方市场转变。尤其是近几年,我国消费者的需求水平和需求层次都有所提高,越来越要求个性化服务,单一的营销组合已经无法适应差异化日益明显的消费需求和购买行为,大众营销的弊端逐渐显现。

> **核心要点**
>
> 　　大众营销抛弃了细分消费群这种方式,将每一位顾客都视为潜在顾客。这种营销方式多应用于具有大流量的头部主播和产品前期需要大范围注意力的阶段。

　　(2)大众营销的卖点提炼。

　　在直播电商行业,大众营销的手段被各大电商平台和主播广泛应用。在视频直播兴起之后,淘宝平台充分利用这种新技术,采用场景化的销售方式,提升了消费者的体验感和黏性。在销售转化率方面,直播也是其他模式无法企及的。一个新晋主播想要在淘宝直播平台上销售商品,就必须深刻理解如何找到商品的卖点,了解粉丝的真正需求。当直播间建立之后,就要努力去了解那些进入直播间的粉丝的最大需求是什么,充分了解他们想要商品的所有种类、品牌、样式,而且商品的品质、价格也要有比较优势,根据粉丝们的需求,不断调整自己的产品结构和营销策略。

2020年5月14日，演员刘涛开启了首次淘宝直播。为了这场淘宝直播首秀，刘涛做足了功课，对每款产品的功能定位、质量售后、优惠力度等做了详细了解，直播过程中更是临危不乱、思维清晰，介绍每款产品都非常卖力，几乎已经达到了职业头部主播的水准。化身"刘一刀"的她，在约3个小时的时间里带货总额超1.48亿元，创下了全网明星直播的新纪录（见图5-7）。

图5-7 刘涛首次直播战报

刘涛的这次直播，并没有针对某一类型的顾客，也没有针对哪一类型的产品，而是严格选择了47款可以称得上"物美价廉"的产品，小到鞋子，大到房子，可以说产品种类跨度巨大，种类丰富。网友们还亲切地称刘涛的直播间为"杂货铺"。但是，刘涛对不同种类的产品，推荐的卖点也有所不同。针对电子类产品，比如苹果手机、戴森吹风机，她主要介绍产品的各种功能、用途。对于茅台酒等产品，她主要采用了低价限量抢购的方式吸引粉丝购买。对于水果等生鲜类产品，她主要强调新鲜、产地直销，不使用任何防腐剂，而且收到腐烂坏果包赔付等。对于不同种类的产品，提炼不同方面的卖点，就是大众营销的精华所在。

这是大众营销的典型案例，受众面广，产品类型丰富多样，并且依靠主播前期的严格选品和充分准备，获得了极大的成功。

> **核心要点**
>
> 实施大众营销的主播依旧需要对每一款产品进行卖点提炼，只是卖点的提炼不再单一，这相较于精准营销对直播控场能力要求更高。

2. 从目标市场角度提炼卖点

（1）什么是目标市场。

目标市场就是企业期望并有能力开拓和占领，且能为企业带来最佳营销机会与最大经济效益的市场。目标市场营销战略，也称STP战略。企业通过市场细分，从众多的细分市场中，选择一个或几个具有吸引力、有利于发挥企业优势的细分市场作为自己的目标市场，综合考虑产品特性、竞争状况和自身实力，针对不同的目标市场选择营销策略。

分析当前淘宝直播平台上几个头部主播的数据，会发现各大主播几乎都有目标市场。根据相关统计数据，2020年7月，上架李佳琦直播间的共有600多款产品，其中销售额最高的20款产品中，美容护肤占7席，食品占4席，个护器材和服饰分别占了3席，20款头部产品共实现了近3亿元的销售额（见表5-1）。这表明李佳琦的目标产品是美容护肤类，目标人群主要是女性购物者。淘宝另外一个头部主播薇娅，选品更加丰富，但是也侧重于服饰类。相关数据显示，7月近一个月，薇娅直播间里销售额最高的20款产品中，服饰占8席，食品占4席，头部20款产品总共实现约4.74亿元的销售额（见表5-2）。相比李佳琦，薇娅直播间的目标市场更加广泛，品类也更加丰富，目标人群不仅包括女性，也包括一部分男性，因此薇娅的销售额要比李佳琦高。

第五章 直播电商的传播学逻辑

表 5-1 李佳琦近一个月的 20 款头部产品（截止到 2020 年 7 月 19 日）

销售排名	商品名称	商品大类	商品细分	价格(元)	直播销量(台)	成交总额(台,元)	直播时间
1	罗兰家纺单双人空调被	家居	床上用品	369	60 123	22 185 387	6 月 29 日
2	元气森林 0 蔗糖低脂肪乳茶 450ml×6 瓶装	食品	咖啡/麦片/冲饮	75.9	287 362	21 810 776	7 月 8 日
3	梦妆花语蜜意蜂胶面膜	美容护肤	美容护肤/美体/精油	298	66 600	19 846 800	7 月 14 日
4	Tripollar Stop VX 家用脸部多极射频美容仪	美容护肤	美容美体仪器	4 922	3 944	19 412 368	6 月 15 日
5	长沙文和友小龙虾 600g	食品	水产肉类/新鲜蔬果/熟食	118	143 044	16 879 192	7 月 8 日
6	斯凯奇 Energy 男女运动厚底老爹鞋	服饰	运动鞋 New	649	25 929	16 827 921	6 月 12 日
7	水星家纺全棉提花 100%蚕丝单双人空调被	家居	床上用品	699	6 799	4 752 501	6 月 15 日
8	尚铭按摩椅	个护器材	个人护理/保健按摩器材	13 980	1 097	15 336 060	6 月 16 日
9	九阳全自动迷你榨汁机	3C 电器	厨房电器	179	85 543	15 312 197	6 月 18 日
10	Onitsuka Tiger 鬼家虎运动鞋	服饰	运动鞋 New	413	32 694	13 502 622	6 月 18 日

167

续表

销售排名	商品名称	商品大类	商品细分	价格(元)	直播销量(估)	成交总额(估,元)	直播时间
11	橘多肉松沙拉华夫饼干 400g	食品	零食/坚果/特产	39.8	374 891	14 920 662	7月8日
12	欧诗漫美白淡斑面膜	美容护肤	美容护肤/美体/精油	129.9	111 571	14 493 073	6月29日
13	ALLIE 喼丽倍护防晒水凝乳防晒霜 90g+40g	美容护肤	美容护肤/美体/精油	398	35 965	14 314 070	6月14日
14	玉泽积雪草修护干面膜	美容护肤	美容护肤/美体/精油	198	66 915	13 249 170	6月17日
15	SKG 眼部按摩仪	个护器材	个人护理/保健/按摩器材	699	23 777	16 620 123	6月18日
16	薇诺娜光透皙白淡斑面膜 12片	美容护肤	美容护肤/美体/精油	436	28 414	12 388 504	7月12日
17	Oxlana 2020春夏新款纯棉短袖圆领T恤	服饰	女装/女士精品	439	26 936	11 824 904	7月4日
18	Sisley 希思黎全能乳液	美容护肤	美容护肤/美体/精油	1 800	6 867	12 360 600	6月15日
19	轩妈家蛋黄酥红豆味 6枚	食品	零食/坚果/特产	45	263 883	11 874 735	7月8日
20	松下冲牙器	个护器材	美容美体仪器	799	13 960	11 154 040	6月12日

资料来源：知瓜数据。

第五章 直播电商的传播学逻辑

表5-2 薇娅近一个月的20款头部产品(截止到2020年7月19日)

销售排名	商品名称	商品大类	商品细分	价格(元)	直播销量(估)	成交总额(估,元)	直播时间
1	天海藏麻辣小龙虾尾包邮	食品	水产肉类/新鲜蔬果/熟食	49.9	1 037 581	51 775 292	7月8日
2	喜临门官方旗舰店弹簧床垫	家居	住宅家具	3 099	14 491	44 907 609	6月12日
3	斯凯奇Energy男女运动厚底老爹鞋	服饰	运动鞋New	649	68 096	44 194 304	6月14日
4	迪士尼联名ONEMORE秋季新款米奇印花宽松卫衣女	服饰	女装/女士精品服饰	339	102 586	34 776 654	7月19日
5	UBRAS无尺码V领背心文胸无痕内衣	服饰	女士内衣/男士内衣/家居服	149	184 284	27 458 316	7月19日
6	Ulike蓝宝石Air+冰点不痛激光脱毛仪器	个护器材	美容美体仪器	2 099	12 646	26 543 954	6月12日
7	ADLV韩国潮牌甜甜圈女孩T恤	服饰	女装/女士精品	468	56 134	26 270 712	6月14日
8	瑞琪奥兰UMF10+250g新西兰原装进口麦卢卡蜂蜜纯正天然蜂蜜	食品	传统滋补营养品	239	65 348	15 618 172	7月8日
9	MAX美容仪YAMAN Professional美容3MHZ射频专属	个护器材	美容美体仪器	6 999	2 768	19 373 232	7月18日

169

续表

销售排名	商品名称	商品大类	商品细分	价格（元）	直播销量（估）	成交总额（估，元）	直播时间
10	泰国进口保税无糖即食燕窝孕妇滋补营养品 75ml×6	食品	传统滋补营养	329	57 862	19 036 598	7月18日
11	李子柒柳州螺蛳粉3袋装	食品	粮油米面/南北干货/调味品	39.7	542 661	21 543 642	7月8日
12	英国摩飞多功能料理锅	厨房用品	厨房电器	1 090	17 218	18 767 620	6月12日
13	科沃斯地宝T8扫地机器人	家电	生活电器	3 199	5 803	18 563 797	6月15日
14	Skechers斯凯奇女鞋熊猫鞋复古老爹鞋	服饰	女鞋	569	32 397	18 433 893	7月19日
15	Ubras抹胸大码背勾式文胸无钢圈无痕	服饰	女士内衣/男士内衣/家居服	169	75 364	12 736 516	6月14日
16	睡美人联名诗凡黎元气少女短袖上衣可爱纯棉T恤	服饰	女装/女士精品	159	103 793	16 503 087	6月14日
17	周大生银套系S925蝴蝶结星星	饰品	饰品/流行首饰/时尚饰品新	609	26 996	16 440 564	6月20日
18	绿源电动车48V小型电动自行车	交通工具	电动车/交通工具	2 299	6 991	16 072 309	6月12日
19	水星家纺抗菌夏被	家居	床上用品	389	40 533	15 767 337	6月12日
20	阿迪达斯官网三叶草男女运动外套	服饰	运动服/休闲服饰	479	19 282	9 236 078	6月14日

资料来源：知瓜数据。

> **核心要点**
>
> 选择目标市场进行营销，相当于定向打靶，选择最有吸引力、最有利于发挥企业优势的细分市场作为目标，将大大提高市场成交量。

（2）目标市场卖点提炼三步走。

➤ 第一步：细分市场（segmenting）

由于受多种因素的影响，不同消费者通常有不同的需求、不同的购物习惯和购买行为，营销人员可以按照这些因素把市场细分为若干个不同的子市场。细分市场有利于商家发现最好的市场机会，还可以使商家用最少的费用取得最大的效益。在直播电商领域，细分市场尤为重要。

具体而言，直播营销可以从三个维度进行市场细分：一是从以消费者需求特征维度细分，包括消费者的职业、年龄、收入、居住地、购买习惯等；二是从产品特性维度细分；三是从粉丝维度，即按照粉丝与主播之间的关系细分。

➤ 第二步：选择目标市场（targeting）

制定衡量细分市场的吸引力标准，选择一个或几个要进入的细分市场。市场被分为若干个子市场后，营销人员根据产品以及战略目标选择更细分的目标市场。例如，在直播电商领域，淘宝一哥李佳琦的主要目标市场就是女性，主要目标产品就是美妆护肤类，目标市场和目标产品都十分清晰明了。

在直播营销中，因为主播只针对粉丝或潜在粉丝设定目标市场，而粉丝特征与主播人设之间又有着某种联系，因此，选择更精准的目标市场，对主播提高营销的精准度具有重要价值。

例如，某主播是钓鱼达人，直播间的粉丝多数为钓鱼爱好者，从传统的意义上看，该主播的主要目标市场就是钓鱼爱好者，主要目标产品是钓鱼用品及周边产品。但是，基于直播的特性，可以对其目标产品进行更细致的分类，比如是卖高端的钓鱼用品还是性价比高的钓鱼用品？价格区间设为多少比较合适？品牌偏好是什么？根据这些细分市场信息，可以进一步锁定直播产品销售策略，从而实现更高的转化率。

> 第三步：产品定位（positioning）

在目标市场，顾客群形成的印象就是定位，以此确定企业的竞争优势及其向每个目标市场提供的产品。在直播电商领域，产品定位相当重要，它可以使一个主播树立特定的形象，并使之与众不同，从而在消费者心中占据一个重要的位置。

例如，"胖瘦兄弟"张少冲和陈仕德，两个"90后"，2014年从大学毕业之后返乡卖水果。他们2018年尝试直播卖水果，现在网店销售额达千万元。他们的产品定位就十分清晰，主要销售海南的特色水果，通过搞怪幽默的直播和新鲜优质的产品，获得了一大批粉丝。又如，很多县市长直播带货，其产品定位是地道的土特产，强调的是原汁原味和产品安全。

对于很多新入行的主播甚至中腰部主播而言，产品定位是要践行的一个基本策略。由于直播的特殊性，产品定位必须与主播的形象、人设等高度契合。

核心要点

STP战略的三个步骤就是：细分市场、选择目标市场、产品定位。

3. 从细分市场角度提炼卖点

前面我们提到了直播电商寻找目标市场时,首先要对市场进行细分,那么接下来,我们一起了解细分市场卖点的提炼方法。

主播进行市场细分的目的就是对顾客的需求差异予以定位,以此取得更好的经济效益。因此,在细分市场的前提下,如何提炼产品的卖点,就成了销售能否成功的关键。产品卖点的逻辑就是给产品找销路,给产品做策划,给消费者找购买的理由。下面介绍一种提炼卖点的方法——FABE 法则,这是由美国俄克拉荷马大学企业管理博士、中国台湾中兴大学商学院院长郭昆漠总结出来的。它通过四个关键环节,极为巧妙地处理了顾客关心的问题,从而顺利地实现产品的销售。

(1) 产品特征 F (features)。

产品特征是产品最基本的功能,这些功能用于满足消费者的各种需要。例如,从产品名称、产地、材料、工艺等方面深入挖掘产品的内在属性,找到差异点。对于一款产品的常规功能,许多卖家也都有一定的认识。但需要特别提醒的是:要深刻发掘自身产品的潜质,努力找到竞争对手和其他营销人员所忽略的、没想到的特征。当主播给了粉丝一个"情理之中,意料之外"的惊喜时,下一步的工作就很容易展开了。

(2) 产品优点 A (advantages)。

产品特征究竟怎样发挥作用?这时就需要用产品优点向顾客证明应该"购买的理由":与同类产品相比较,列出比较优势;列出产品的独特之处,可以直接或者间接阐述。例如,很多主播在直播的时候,喜欢用更管用、更高档、更温馨、更保险等词语来描述产品,以突出产品的比较优势。

(3) 顾客利益 B (benefits)。

顾客利益代表某一优点能带给顾客的利益,即产品优点带给顾客的好处。利益推销已成为推销的主流理念,通过强调顾客得到的利益、好处激发顾客的购买欲望。比如,李佳琦在推销美妆产品时,经常从粉丝利益角度出发,不断强调如果使用了这款产品会给粉丝带来一个什么样的效果,从而激发粉丝的购买欲望。

(4) 推荐证据 E (evidences)。

推荐证据包括专业报告、顾客反馈、销售数据等,通过现场演示、相关证明文件、品牌效应来印证主播的一系列介绍。所有作为"证据"的材料都应该具有足够的客观性、权威性、可靠性和可见证性。证据常常用于直播间内,很多主播在推荐食品时都会试吃,推荐化妆品时都会试用,推荐衣服时都会试穿,等等,形成一个个很好的现场证据,从而获得粉丝的信任。

2020 年 8 月 14 日晚,罗永浩在直播间带货华为 P40 手机(见图 5-8)。他首先介绍了这款产品的特征(F),比如处理器是麒麟 990、使用的是台积电 7nm 工艺制造、5G 双模全网通、5 000 万超感知莱卡三摄、30 倍数字变焦等;其次总结了这款手机的优点(A),比如系统使用流畅、相机功能强大、手机续航能力突出、制作工艺精良等;再次设身处地地站在粉丝的角度考虑,分析买了这款手机会带来什么利益(B),比如方便日常沟通交流、记录生活美好的瞬间、配合华为其他产品使用可以让生活更智能;最后,通过现场展示手机的功能、对比其他品牌手机、从专业的角度进行分析等一系列证据(E)来使粉丝相信这款手机的确是物超所值的。整个推销过程就是使用了 FABE 法则,从不同的角度找到产品的卖点进行宣传,才能占据优势地位。

华为P40
8G+128GB

~~厂商指导价：4488.0元~~
暴躁补贴价：xxxx元！！！！

图5-8　罗永浩直播前华为手机宣传图

> **核心要点**
>
> "FABE法则"在卖点提炼和推销方面非常有用，找出顾客最感兴趣的各种特征后，分析这一特征的优点，找出这一优点能够带给顾客的利益，最后给出证据。

三、卖点与内容挖掘

1. 什么是内容营销

内容营销，指的是以图片、文字、动画等媒介，通过对内容的创建、发布及传播，向消费者传递有价值的信息，以实现网络营销的目的。企业所依附的载体，可以是企业的商标、画册、网站、广告，甚至是T恤、纸杯、手提袋等。总之，以内容为核心的营销，都可以称为内容营销。

在互联网时代，内容营销不断娱乐化。在这里，一切文化开始变平、变浅、变快，严肃文化与游戏文化的界限正在弥合，从而使娱乐文化成为主流。对主播而言，在内容包装方面，一定要注意：直播不再是单纯的硬广告，而是一种软广告。在直播的内容体系中，娱乐化是中心，碎片化、简约化、幽默化是基本点。

内容营销除了娱乐化之外,可信任性也很重要。这要求内容真实以及主播人设对消费者来说具有亲和力。互联网增加了企业的营销手段、营销工具,并提高了企业的营销精准度,让企业能够全方位将产品的相关信息直接传达给消费者。但是,这种全方位的信息传递可能并不能解决消费者的信任问题。有数据显示,目前92%的用户最相信的是熟人的推荐,而只有47%的用户相信广告的推荐。因此,主播在进行内容营销时,需要将可信任的信息嵌入内容,从而对消费者起到潜移默化的影响作用。

> **核心要点**
>
> 听惯了呆板的营销话术,文化与内涵才是留住消费者的关键。内容营销让产品和品牌"活起来""有趣起来",消费者不会拒绝一个有趣的灵魂。

2. 内容营销的表现形式和特征

内容营销包含多种方式。例如,随着移动互联网的快速兴起,企业微信公众号、微博号、抖音号、快手号及淘宝旗舰店等,以图片、视频等各种形式来达成营销目的。内容营销并不追求立即性的直接行为改变,而是通过长期、理性的内容宣传,最后帮助企业获得思想领导的角色,扎实地提高消费者对品牌的忠诚度、黏性。尤其是现在处于一个信息爆炸的时代,消费者接收到的信息越来越多样化,企业之间的竞争体现在方方面面,因此更显得内容营销的重要。当抖音、快手等软件成为老百姓日常生活的重要组成部分,现在的内容营销大部分都是借助娱乐化的内容进行,优质的内容和流畅的软件体验让越来越多的人对网络视频"欲罢不能"。

内容营销的表现形式随着网络的发展越来越多样化。总体而言，内容营销有以下三个特征：

一是内容营销适用于所有媒介渠道和平台。

二是内容营销的目的是将内容转化为向用户提供一种有价值的服务，体现的是一种能吸引用户、打动用户、影响用户的品牌和产品之间的正面关系。

三是内容营销要有可衡量的成果，最终能使企业有利可图。

> **核心要点**
>
> 微信、微博、抖音、快手等平台都是内容营销的表演舞台。内容营销不是直白的"推"式营销，而是用内容打动消费者的"拉"式营销。

3. 卖点与内容挖掘

产品的内容即产品本身的卖点，挖掘内容的同时就是在挖掘产品的卖点。一款产品所包含的内容通常非常多，但是并非所有的内容都能成为卖点。只有那些与众不同、突出品牌特点和功能、解决消费者痛点的内容才能成为卖点。

（1）把产品介绍好。

产品或者服务是企业的安身立命之本，所有的营销策略都是销售解决方案。那些主动购买某品牌的消费者，最关心的是该品牌的产品本身。介绍好产品，讲好自己的品牌故事，让更多的消费者了解产品的内容及其包含的企业精神，是所有企业该做的最基本的事情。

作为主播，无论是从提升销量出发，还是从为消费者创造价值出发，都要在选品程序对产品进行严苛的检验、测试、试用等，从而确保产品是好的产品。同时，要把这些产品信息内容化，在直播时将产品的卖点鲜活地展现出来。

（2）把品牌故事讲好。

一个优秀品牌的背后，通常都会有一系列的故事。因此，主播在直播营销时需要用丰富生动的方式将品牌故事呈现出来，以吸引消费者购买。正如前文所分析的，娱乐化是直播间的基本要求，故事化沟通是传递信息最有力的方式。如果将品牌背后的创业故事、趣闻轶事、传奇传说等展现出来，不但有利于消费者更好地了解品牌，而且也有利于增加直播间的娱乐性。

科特勒曾经对故事营销做过一个解释："故事营销是通过讲述一个与品牌理念相契合的故事来吸引目标消费者。在消费者感受故事情节的过程中，潜移默化地完成品牌信息在消费者心智中的植入。"

品牌故事要体现品牌的核心价值观，要与产品有着直接联系。这面临的一个问题是：在直播间里要怎么讲品牌故事？每款产品在直播间进行直播的时间非常有限，留给讲"品牌故事"的时间并不多。因此，在进行直播设计时，应该将品牌故事以影像、表演等更丰富立体的方式呈现出来，使直播间的优势进一步发挥出来。

例如，褚橙背后的品牌核心价值观是"励志"，反映了褚时健的人生经历及其从低谷崛起的不服输的精神，这个品牌故事对传播其品牌具有深远的价值。

2020年是小米公司成立的第十年，8月11日晚，雷军以"一往无前"为主题进行了小米十周年公开演讲，并且在各个平台直播（见图5-9）。这次演讲，其实是小米公司对"米粉"们做的十周年总结汇报：这十年，小米做对了什么、做错了什么，下个十年小米将往哪里去，等等。另外，借着这次演讲，让很多对小米公司有误解的人增加了了解：小米是谁？小米为什么奋斗？

图 5-9　小米公司董事长雷军十周年演讲

演讲分为两部分，上半场近 2 个小时。雷军用 20 个故事复盘了小米的创业历程，有开端、发展、挫折和高潮，最后是对未来的畅想，包含了小米的创业起源、"三十次顾茅庐"组建团队、与董明珠的 10 亿元赌局、供应链困局、海外 10 亿元库存"救火"经历，以及上市前说服投资人同意小米硬件综合净利润率永远不超过 5% 等故事。下半场，雷军发布三款"超大杯"：小米 10 至尊纪念版，Redmi K30 至尊纪念版，小米透明电视。雷军还分享了三个难忘的高光时刻：2018 年 7 月，小米在香港上市；2019 年，小米终于搬入了自有物业小米科技园；小米成为全球最年轻的 500 强。这次演讲，让消费者更加了解小米公司的发展历程、品牌故事、产品质优价廉，再一次为小米产品树立了一个良好的品牌形象，是一个非常成功的内容营销的案例。

（3）成为权威专家。

消费者在做购买决策时，需要的不是主播的自卖自夸，而是主播真正从品类角度告诉消费者各种专业的信息，教会消费者怎么用。主播不仅要对销售的产品性能有全方位的了解，还要了解同类产品的性能、价格等信息，把此类产品的总体情况掌握透彻，努力成为这方面的权威专家。这样，粉丝才会信任主播的介绍和推荐，购买产品。因此，直播团队在选品之后，要对产品进行相应的检测、试用，并充分了解产品的性能。

例如，笔者团队对做某食品直播的直播团队进行调研时发现，该直播团队在直播之前不但会将其准备直播的食品送到专业检测机构进行检测，以确定其成分和安全性，而且在公司内部还有专业的试吃团队，将标准的试吃报告递交给主播。在必要时，主播还会品尝产品，以获得更直接的经验。经过这个程序，主播对产品非常熟悉，在进行直播时就会成为真正的专家。

（4）成为生活方式。

随着移动互联网和5G通信技术的发展，万物互联互通的时代即将到来，人们的生活方式也会发生巨大变化。而直播电商，正是赶在技术变革的前夜出现，成为影响人们生活方式的一种新商业模式。

首先，直播电商改变了人们交流沟通的模式。互联网提供了让大量陌生人连接起来的机会，但是这种连接的目标不一。直播电商，则提供了人们基于商品这个弱连接而进行沟通的机会，这是一种新的沟通模式。我们看到，在直播间，主播与粉丝之间、粉丝与粉丝之间的交流互动十分频繁，这成为一种新现象。

其次，直播电商改变了人们的购买体验。从线下购买到网络购买，本来就是一次改变。但是，先前的图文电商模式缺乏互动和温度，直播电商将商品进行支持互动的数据化，使电商购物体验变得像线下购买一样。

再次，直播电商改变了人们的购买习惯。在图文电商模式下，购买的起点是搜索，购买方式是"人找货"。直播电商模式下有了新的购买方式，是基于信任关系的"货找人"，其基本的关系链是

"客户（粉丝）—主播—货"。

最后，直播电商改变了人们的娱乐方式。现有的直播电商，已呈现出娱乐化的苗头。很多大主播在直播时，会请一些娱乐明星做客直播间。我们预计，随着直播电商的发展，直播间里的娱乐明星可能会有更多的娱乐化表演，直播电商的娱乐成分会进一步增加，用户在直播间的驻留时间会进一步延长。

从整体上看，直播电商将产品卖点挖掘出来，实现内容化的包装，从而实现卖点与内容的完美结合，让直播电商真正内容化。

> **核心要点**
>
> 内容营销的卖点挖掘可从以下四个方面着手：一是要介绍好产品，二是要讲好品牌故事，三是要成为权威专家，四是要成为生活方式。

四、卖点与人设

1. 什么是人设

人设，就是人物设定，比如人物的基本设定有姓名、年龄、身高、体重等。人物背景设定既有人物的家庭背景、学历背景以及从业经验，也有自己擅长的领域和职业设定等。在流量时代，人设是偶像和主播快速吸引眼球的核心。

在直播电商中，每个直播间都是一家商场，而一家商场没有特点显然在竞争激烈的市场中难以生存。北京 SKP 的奢华、三里屯太古里的时尚、万象城的生活品质等——几乎全国著名的商城都有其突出的特点。打造有个性、有魅力的主播个人 IP 显然也是建好主播商场的关键。

(1) 简单专业可依赖的人设。

打造人设有两个步骤。首先是确定一个简单、专业、可依赖的人设。这样做的目的是拉近与消费者的距离，获取消费者的信任。主播在打造人设的过程中，最重要的是做到既专业又可亲近。太过于高高在上的形象不容易做好导购的工作；像普通人一样，又缺乏专业水平，无法让粉丝产生依赖感，也做不好主播。

例如，某个在快手上销售玉器的主播，其人设就是玉器专家。他每次直播时，会从玉器的知识开始，说明如何挑选和识别玉器，并通过各种真假产品现场示范，使消费者很清楚地了解关于玉器的知识。这样，消费者把他作为一个在玉器方面可信赖的专家，他每年的销售额能达到上千万元。

在选定人设后，就需要不断塑造人设。在营销学中有一个概念叫整合营销，意思就是在生产、设计、营销、公关甚至企业管理等各个对内和对外的环节只有保持口径一致，才能保证产品形象的真实性。对主播人设的打造，也需要使用整合营销的概念，即在一定的时间内，在所有公共场合下，都坚持主播的人设。这决定了主播在选品、直播用语等各个方面，都要注意与其人设相符。

淘宝直播女王薇娅的人设就是一个"时尚宝妈"，这样的设定让用户觉得普通而真实，不容易产生反感。一个精打细算的时尚宝妈谁不爱？在塑造人设方面，她也下了很大的功夫。例如在直播中薇娅经常会提及女儿和老公，产品也都是"自己用的""我女儿也在用""我老公也在用"，而对于薇娅自己和家人用的东西，消费者会觉得是值得信赖的。薇娅的抽奖暗号常年都是"薇娅的女人"，在各个环节都把用户和主播拉到了一起。

李佳琦则是"美妆达人"的人设，他的直播以在自己手上、嘴唇上试口红色号闻名。他以男性专业美妆师的视角客观地评价每款产品,即使是"金主爸爸"的也不放过,如"这支颜色一般,普通女生不一定适合""这支很常见,如果有类似的颜色可以不买它"等。推荐产品的时候,他会再根据试色结果优选少量色号,不但使自己的形象显得更客观专业,也让消费者做出选择变得更简单,往往他推荐的产品都变成了爆款。经过苦心经营,他成功变成广大女性眼中的"精致男闺蜜"。

今天的营销,正在进入一个"所见即所得"的时代。媒体和渠道的功用已经融合在一起,比如今天的淘宝,它既是一个电商渠道,也是一个内容媒体。抖音、小红书、"公众号+小程序"也是如此。"营"和"销"之间不再有时空界限,消费者可以看完就买、边看边买,不像过去:我今天看一个产品广告,还要等几天去商场才能买。这就导致了传统营销的核心是让消费者记住并理解,这样等他逛街购物时他才能想起品牌来,销售才得以达成。而在一个所见即所得的时代,营销的核心变成了让消费者即时行动、即刻购买、冲动消费。

所以,关于直播卖货,最重要的是给消费者制造一种身临其境的现场感。让消费者在看直播时,天然进入到一个购物情景,正如其在线下商场逛街一样。直播要让消费者感到舒适、自在并没有疑虑,这样消费者才会在极短的决策时间内不搜寻信息了解更多、不比对价格和同类产品,而是直接下单购买。

这就需要主播发挥自己的人格魅力,为消费者创造好的购买体验。就像薇娅在接受采访时说的,直播是一种陪伴。对,直播是一种陪伴,它不只是让消费者"买买买"就完事了。

> **核心要点**
>
> "人设"是让别人快速记住你的"关键词"。作为一个主播,就是要做到既专业又可亲近,而这些需要从谈吐、外形、个性、能力等方面进行塑造。

(2) 人格魅力来自哪里。

人格魅力＝颜值形象＋个性能力＋表达风格。颜值形象是魅力的基础。清少纳言在《枕草子》中说："说经师须是容貌端丽的才好。人家自然注视他的脸，用心地听，经文的可贵也就记得了。若是看着别处，则所听的事也会忽而忘记，所以容貌丑陋的僧人，觉得使听众得到不虔诚听经的罪。"

连说经师都要求颜值，直播带货就不必说了。当然，这不是说长相普通的就做不了主播，而是要根据自己的长相和形象去设计相应的人设风格，独特的风格创造了魅力。毕竟如果是一个五大三粗的汉子，你让他立国风美少年人设也立不住。所以，在颜值形象方面，最重要的是根据颜值去设计自己的直播风格，以及选择与自己形象、风格相契合的产品进行直播。

就像罗永浩，原来做培训、办网站时一直是个愤青形象，自从做了手机，换了发型、换了眼镜，整理一下着装，做好表情管理，原来的愤青气质立刻化身为温文尔雅的匠人形象（见图5-10）。这就是很好的人设。罗老师这个形象就比较适合给一些科技产品、有匠心和设计感的产品带货。

图5-10　罗永浩前后造型对比

个性能力在主播的人格魅力形成方面具有非常重要的作用。个性能力要求主播深入挖掘自身的优点和长处,做一些具有稀缺性的内容,或者在不具有稀缺性的内容上做得比其他主播更好。被称为淘宝"口红一哥"的李佳琦对各大名牌的彩妆都非常熟悉,也懂得很多专业的彩妆知识,从而形成了"美妆达人"的人设。这种专业化的个性能力非常有利于形成主播的人格魅力。例如,某个快手上销售玉器的主播,其人设就是玉器专家。他每次直播时,会从玉器的知识开始讲起,介绍如何鉴别和挑选玉器,并利用各种真假产品进识现场示范,使消费者很清楚地了解关于玉器的知识。这样,消费者把他当作一个在玉器鉴别方面可信赖的专家,使得他每年的销售量能够达到上千万元。

表达风格是主播对商品进行解说时的风格特点(见图5-11)。主播应根据其人设形成自身的表达风格。另外,主播在进行直播带货时,也需要根据自己所售的商品形成特定的表达风格。表达风格的确立,将有助于主播形成其独特的人格魅力。

图 5-11 罗永浩首次直播带货海报

2. 为什么要立人设

主播立人设的基本目的是获得更高的关注度，通过人设可以让自身的定位更加鲜明立体，让粉丝通过一个关键词或者一句话就能想起你。所以，人设一定要有记忆点。一个成功的人设一定可以展示主播与众不同的魅力并让人有新鲜感，让粉丝看了印象深刻，拉近主播和粉丝之间的距离，提升粉丝的关注欲望。没有记忆点的人设都不叫成功的人设。一个优秀的主播一定有其独特的人格魅力。所谓人格魅力，就是源于主播对自己的人设的定义，包括粉丝对你的外貌、穿衣打扮的固有形象，以及你的性格带给粉丝的印象。主播人设要和自身性格接近，这样直播的互动频次和互动深度才会提高，主播和粉丝的距离才会拉近。

一个有成功人设的主播，会让更多的粉丝观看其直播，也会让粉丝在观看直播时停留的时间更长。根据大数据统计，粉丝在观看直播时的停留时长一般是 2~5 分钟，而李佳琦的粉丝停留时长平均为 14.5 分钟。而且，不同类型的主播，互动深度、曝光频次、曝光量、粉丝距离和人设一致性都是不同的。表 5-3 为不同类型人员的人设差别，可以看出，淘宝主播在互动深度、曝光频次和人设一致性上都处于比较高的水平，但是曝光量还非常低，仅限于直播当时的曝光。另外，淘宝主播和粉丝的距离是非常近的，互动非常频繁，这也是吸引粉丝观看直播的原因之一。

表 5-3 明星、微博及抖音红人、淘宝及快手主播等的人设差别

人设类型	呈现形式	互动深度	曝光频次	曝光量	粉丝距离	人设一致性
影视明星	影视节目	低	低	巨大	远	低
节目主持人	直播节目	较低	较低	大	较远	较高

续表

人设类型	呈现形式	互动深度	曝光频次	曝光量	粉丝距离	人设一致性
微博红人	图文+视频	适中	较高	较小	适中	适中
抖音红人	视频+直播	较高	适中	大	适中	适中
快手主播	视频+直播	高	高	适中	很近	高
淘宝主播	直播电商	高	高	小	很近	高
私域主播	直播电商	高	适中	小	很近	高

资料来源：爱逛学院。

> **核心要点**
>
> "人设"可以让你的定位更加鲜明，也是追求效率的体现。事实证明，拥有人设的主播更具有吸引力和留存力。

3. 人设包括哪些方面

（1）主播定位。

每一个人在打算从事直播行业之前，都应该问自己为什么要做主播。一件商品需要定位，一个公司需要定位，一个主播更要有清晰的定位，了解自己擅长的领域。只要是可以做主播的人，一定都有自己的闪光点，这些闪光点就是粉丝喜欢你的理由。主播要充分利用这些闪光点，挖掘自己的优势和长处，找到自己的定位，给自己贴上"标签"，这样才能吸引更多的粉丝。但是，主播的定位不仅仅是围绕主播进行的，更重要的是围绕目标粉丝的心智进行。也就是说，将主播的某些标签植入目标粉丝的心智当中，从而让粉丝对主播形成特有的认知印象。定位就像是往墙上钉一颗钉子，主播的定位就是要把自己永远"钉"在粉丝的头脑里。

在这个竞争越来越激烈的直播世界里，主播怎样才能脱颖而出，被大家所熟悉？定位就是一把核心利器。

> **主播应如何给自己定位？**
>
> 第一，从自身出发，确定自己的核心价值。
>
> 当一个新晋主播还不知道粉丝想要什么内容的时候，可以先从自身出发，挖掘自身的优势和长处，做一些其他主播没有做的内容，或者在已经有的内容上比其他主播做得更好。关于直播的内容，最有效的检验手段就是看是否可以引起共鸣。一个新晋主播在一开始，可以尝试不同的直播内容，然后观察在线人数变化和粉丝的反应程度。在经过不同内容的尝试之后，通过最能引发粉丝共鸣、粉丝反应最强烈的直播内容，就可以初步明确主播的价值主张。
>
> 第二，从粉丝出发，强化自己的核心价值。
>
> 新晋主播必须做好准备才能上路，所以一定要在自己直播之前，分析其他直播间粉丝们的核心需求点，并且选择其中一个点作为自己的价值主张。在有一定的基础之后，主播就应该考虑自己的发展方式，是横向发展还是垂直深耕，需要主播自己做一个详细梳理。

接下来，通过几个例子进行简单分析。被称为淘宝"口红一哥"的李佳琦就是垂直深耕的典型，他的定位就是"彩妆师"。李佳琦曾在欧莱雅的彩妆专柜做了很久的彩妆师，对各大名牌的彩妆都非常熟悉，也懂得很多专业的彩妆知识（见图5-12）。纵向发展有其明显的优势，因为李佳琦的直播领域主要是美妆，打造专业标签，聚焦单一领域，因此他成了该领域的"专家"，也比较容易获得品牌代言；缺点就是覆盖面比较窄，涉及的消费群体比较固定。

图 5-12 "彩妆博主"李佳琦

而淘宝另外一个知名主播——薇娅,被称为"直播一姐",她就是直播电商里横向发展的典范(见图 5-13)。她的直播间里不仅有服装、美妆,还有家电、零食、日用品,有时候还会帮助贫困地区销售当地特色农副产品,可以说包罗万象,什么都有。横向发展的优点是覆盖面比较广,销售的产品种类多;缺点是主播的定位可能会模糊,显得有点杂乱无章。

图 5-13 淘宝"直播一姐"薇娅的直播间

除了淘宝直播平台，在抖音、小红书、快手、虎牙等其他直播平台，都涌现了一批专业的主播。比如，专业的游戏主播 PDD（刘谋）、Uzi（简自豪）、Miss（韩懿莹）、大司马（韩金龙）等；专业的美食主播二子爷、猫妹妹、考拉二小姐、徐大 sao、食味阿远等；专业的赶海主播渔人阿锋、老四赶海、阿渔妹等。主播只有清楚了解自己的定位，才能在不同的领域做出属于自己的成绩。

（2）主播和直播间命名。

给自己命名，这是直播的第一步。一个好听的主播名字可以让粉丝知道你是谁，好的直播间名字可以让粉丝知道你直播的大致内容。在主播名字的命名上，一定要加上自身的特质，或者突出自己的一个特点。比如，某个知名游戏主播叫"Miss 大小姐"，某一户外主播叫"微山湖户外"，等等，这些名字既简单明了，又具有某个记忆点。

直播间命名应体现店铺产品的特征，或者直播内容，定位越精准越好，这样才可以达到前期吸引粉丝的效果（见图 5-14）。例如，某游戏直播间的名字为"最精彩的游戏直播"，某户外主播的直播间被命名为"私人飞机回长沙"，某星秀主播的直播间名字叫"杭州最可爱的崽"。

这些主播和直播间的命名，都鲜明地展示了主播的直播内容和个人特色，在一开始就为自己的人设做好了铺垫。

图 5-14 淘宝直播间名称

（3）粉丝昵称和粉丝团昵称。

给自己的粉丝和粉丝团起昵称，这往往是一些明星的普遍做法。比如，歌手李宇春的粉丝昵称为"玉米"（"宇迷"的谐音），演员胡歌的粉丝昵称为"胡椒"，歌手周杰伦的粉丝昵称为"杰迷"。而当主播具有一定的影响力，形成固定的粉丝群体之后，也可以给自己的粉丝或者粉丝团起一个昵称，这样可以拉近主播和粉丝之间的距离，也可以提高主播的知名度。例如网络主播冯提莫，凭借可爱的外表和甜美的声音，吸引了众多粉丝，她的粉丝昵称为"蘑菇"（见图 5-15）；被称为"抖音十大男神"之一的费启鸣，在抖音上获得了 1 637 万名粉丝的关注，而他的粉丝昵称为"痱子粉"；淘宝"口红一哥"李佳琦在一次演讲中，称自己的粉丝为"所有女生"。

图 5-15　网络主播冯提莫

（4）自我介绍和直播间欢迎语。

俗话说，万事开头难。新晋主播想让粉丝记住并关注自己，一个好的自我介绍是必不可少的。

主播需要找到有利于建立自己和粉丝之间的信任关系和能引发共鸣的点，这可能来自主播之前的经历、爱好、从事的职业以及所学的专业，自我介绍可以使主播人设显得更加立体和饱满，从而拉近与粉丝之间的距离，获得粉丝的信任。直播间的欢迎语也非常重要，好的欢迎语可以迅速吸引粉丝的目光，使其了解主播的个性特点。

例如，网红 papi 酱每一期视频的最后，都会有一句总结语："我是 papi 酱，一个集美貌与才华于一身的女子！"这句话就成了 papi 酱的人设，使她的视频迅速走红（见图 5-16）。游戏解说"小智"，在他的每期视频之前都会有一个简短而有趣的介绍——"大家好！我就是人见人爱，花见花开，车见车爆胎的解说界型男小

图 5-16 网红 papi 酱的经典结尾介绍

智",由于语速超快且语调搞怪,因此吸引了一大批粉丝。美食网络作者"徐大 sao"在他的视频开始,可能会这样介绍自己:"大家好,我是大骚,今天心情不错,咱们吃顿好的!"他总是可以因为各种各样的理由引出主题:吃顿好的。

(5) 形成自己的经典语录。

随着互联网直播的蓬勃发展,各大直播平台上都诞生了不少网红人气主播。然而,一个主播要想成为观众心目中喜爱和追求的对象,优质的直播内容是必不可少的,一定要具备和别人不一样的特点,尤其是要形成自己的经典语录和口头禅。

"口红一哥"李佳琦的带货能力是有目共睹的,他的成功不仅仅是因为专业的能力和优良的团队运作,人们记住他往往是因为直播时他惊人的语速和有时略显夸张的几句口头禅:"Oh, my god!""我的妈呀!""这个颜色也太好看了吧!""答应我,买它!买它!买它!""Amazing,高级!"等。这一系列的口头禅都是有感而发,充满真情实感,因而也能带动观众的情绪去购买他推荐的产品(见图 5-17)。

图 5-17 "口红一哥"李佳琦直播经典语录

在《英雄联盟》游戏直播的圈子里,"若风"这个名字无人不知、无人不晓。作为《英雄联盟》前职业选手，退役之后，他开始做游戏直播。作为直播界的老牌网红，他在直播的过程中也给大家留下了许多经典语录，其中最经典的一句"瞬间爆炸，完成单杀！"在网络中广为流传，至今仍然经久不衰。同样作为游戏主播，"骚男"近几年在网络直播界可谓风生水起，他在直播间的经典语录不计其数，例如"少侠，好武功！""弟弟撑住，我去叫人，弟弟！"等，几乎每一句都可以成为粉丝们津津乐道的话题。

但归根结底，风格的建立，要从自己的个性和普遍人性出发。不要为了夸张而夸张，不要为了吸引眼球去做一些让大多数人感到不适应和难为情的事情，这样的风格或许能吸引流量和关注，却很难带来购买。对于普通消费者来说，购物是一件严肃认真的事情，消费者不是傻瓜，他们精明、精打细算、谨慎而不轻信。他们也许会看网络红人"窃·格瓦拉"的视频，但绝不会买他带货的电瓶车。记住克劳德·霍普金斯的忠告："戴上小丑的帽子，你也许能获得众人的关注，但是你的销售前景也将毁于一旦。"

> **核心要点**
>
> 立"人设"要立哪些方面？主播定位、主播和直播间命名、粉丝昵称、自我介绍和直播间欢迎语、经典语录等一整套操作都要齐全，要做到让消费者形成条件反射的程度。

4. 卖点与人设之间的关系

在传统商业中，产品的卖点往往与产品自身的品质相关，跟卖货的人关系不大。然而在直播电商领域，产品的卖点跟主播的人设之间就存在某种联系。一个主播的带货能力强,不仅仅是因为主播个人能力和团队协作能力强,最关键的是其推荐的产品质量获得了粉丝们的认可。

2020年4月24日,格力电器董事长兼总裁董明珠在抖音开始了她的直播带货首秀。由于是第一次直播,过程当中频繁出现卡顿、重声、没声音等技术问题,因此销售总额仅为23.25万元,跟李佳琦、薇娅等直播大咖的带货成绩相比很不理想。在经历了第一次直播的"失利"之后,董明珠团队调整策略,于5月10日晚在快手平台又进行了一次直播带货,这次交出了一份令人满意的答卷:约3个小时成交3.1亿元。无独有偶,罗永浩2020年4月1日在抖音进行了他的直播首秀,过程也是不太顺利,甚至连带货的品牌都说错了。但是,他凭借超高的人气和"交个朋友"的直播宣言,首场直播带货约3小时突破1.1亿元。无论是董明珠,还是罗永浩,这两个人本身就是自带流量、有人设的网红,具备了一定的粉丝基础,并且两人推荐的产品质量过硬、价格优惠,因此直播带货能够获得成功。

一些知名的主播在直播带货之前,都会对产品进行严格筛选,品控做得十分到位。据说李佳琦家里有上万支口红,他直播时背后的柜子上有超过2 000支口红,粉丝随口说一个颜色,他3秒就能找出来。在一次口红直播专场,约6个小时内,他试了380支口红,连续不停做着重复的动作,涂抹、擦掉、涂抹。直播结束,他的嘴唇几乎都要撕裂崩坏。因此,他才被称为淘宝"口红一哥",他推荐的口红无论质量还是价格都能够令粉丝满意。

因此,新晋主播在直播过程中,一定要通过各种方式努力建立属于自己的人设(见图5-18)。好的人设可以使粉丝更加信任主播,认可主播推荐的产品卖点,进而转化为利益。

> **核心要点**
>
> 　　直播营销将传统营销中的产品与消费者的关系转变为主播与消费者的关系，主播更大程度上代表了产品的品质，所以主播的人设与产品的卖点息息相关。

图 5-18　主播人设：四维理论

5. 从人设到品牌

（1）人设品牌的基础。

当主播人设稳定，而且与产品的卖点契合之后，可以开始尝试将主播作为品牌来打造。事实上，我们在进行直播电商调研时发现，大部分顶级的主播都会打造自己的品牌。

基于主播的线上品牌运营，甚至比线下品牌运营更难。在线下，"渠道＋促销＋广告"三板斧下去，怎么都会有些效果。但是，在线上，你可能竭尽全力也无法取得良好的成效。

主播品牌运营，必须具备以下三项基础能力（见图 5-19）：

一是柔性化生产。线上消费者需求多变，而且容易受到各种因素的影响，因此，需求本身是多样化的。这要求企业具有非常强的柔性生产能力，以适应这些多样化的需求。

二是个性化营销。网络用户具有非常多的资讯获取渠道，企业必须通过个性化的营销手段，才能吸引消费者的注意。

三是社会化供应链。因为线上需求具有爆发性与不稳定性的特点，因此，企业必须建立社会化的供应链，加快产品的生产反应速度，以适应产品数量的冲击。

图 5-19 主播品牌运营的基础条件

（2）人设品牌的运营。

新创立的主播品牌或当前影响力较小的主播品牌，可采取"借势"的方式，首先入驻主流电商平台开设官方旗舰店，利用直播间私域流量和平台公域流量及营销资源逐步找准品牌受众，为采取更大规模的品牌宣传行动做好准备和积累人气；而当前已经具备一定品牌声望、获得部分消费者认同的主播品牌，应建立符合品牌特质的各种粉丝群，有针对性地加入促销活动、会员积分、互动等元素，使活跃的粉丝成为品牌的基础。

作为主播品牌，一定要利用直播电商持续推进品牌文化建设。直播显然是推进品牌文化建设的最重要手段之一，因为直播有各种丰富的表现形式（如声音、图像、视频、互动等），有多样的品牌文化建设载体（如弹幕、粉丝群等）。消费者在品牌粉丝群中与企业员工以及其他消费者互动，如果这种网络人际沟通行为让他们身心愉悦，那么他们就会对该品牌产生一种主人翁的感觉。粉丝群也利于商家进行宣传活动，粉丝群对消费者的刺激会远超线上广告管理和 B2C 模式带来的效果。

有了粉丝群之后，直播团队应该建立品牌与生活的联系。例如，粉丝群中的互动与现实生活非常接近，如果商家能够在自己的品牌网站上举办一些模拟生活场景的活动，或是让线上活动与现实中的商品直接关联起来，那么这种强烈的现实感会让网上的潜在消费者直接产生购买行为。

最典型的例子就是微博红人李子柒（见图 5-20）。

图 5-20 李子柒视频场景

"晨兴理荒秽，带月荷锄归"，这是许多厌倦嘈杂城市生活的现代人所向往的"世外桃源"的生活，而李子柒活成了他们想要的样子，她的视频让人在压抑的都市生活中重拾一份恬静。2015 年，李子柒开始自拍自导古风美食短视频。在拍摄内容的选择上，和奶奶生活在一起的李子柒选择了最熟悉的"农村生活"。其最初设定的话题取自俗语"四季更替，适时而食"，后来在编辑的建议下改成了"古香古食"。其间,她曾用了一年多的时间还原"文房四宝"在古代的制作过程,也用古法制作过手工酱油,甚至以一人之力在院子里用木头和竹子搭了茅草棚和秋千架。之后,她拍的视频开始在微博和国外视频网站传播,得到了广大网友的关注和喜爱,粉丝的数量更是爆发式增长。

2018年8月,李子柒同名天猫旗舰店正式开业,开始推出五款美食产品,上线6天,销量突破15万。2019年"双十一","李子柒"品牌总成交额突破8000万元,创历史新高,展现出了强大的战斗力。2020年8月,李子柒品牌与柳州政府达成战略产业合作关系,双方携手深耕螺蛳粉产业,助力柳州螺蛳粉产业结构的优化升级(见图5-21)。

图5-21 李子柒天猫旗舰店

> **核心要点**
>
> 具有稳定人设的主播一般都会打造自己的品牌,此类主播品牌要求柔性化生产、个性化营销和社会化供应链,然后入驻主流平台、开设旗舰店,依靠私域和公域流量扩大宣传,持续宣传品牌文化,塑造丰满的品牌形象。

五、卖点与共情

1. 什么是共情营销

想要了解共情营销的概念,首先需要了解什么是共情。共情(empathy),也称同感、同理心、投情等,是由人本主义创始人卡尔·罗杰斯首先提出来的。简单来说,共情就是了解、体验别人内心世界的能力,设身处地为对方考虑,将自己置于对方的位置来体会对方的内心活动。共情是一种思维能力,也是一种探索对方心理活动的能力。拥有共情能力,可以让沟通更加顺畅,避免很多误解和矛盾。

> **共情能力具体含义**
>
> 共情能力包含三个方面的含义:
>
> 一是深入对方内心去体验对方的情感、思维;
>
> 二是把握对方经历、人生体验和人格之间的关系,并且能够更好理解问题的实质;
>
> 三是需要把自己的共情传达给对方,让对方了解自己并取得良好反馈。

共情营销,就是运用共情这种能力,了解消费者的情感、情绪和情趣,达到与消费者或潜在顾客在心理上的同频,从而促成交易。人和人之间有很多的差异,在不同的年龄、经历、状态背景下,在很短的时间内,双方在同一种情绪下对话,互相感知、理解和分享,体验对方的内心世界是非常难的,这就需要有很强的共情能力。主播需要了解消费者的内心世界,了解他们的真正消费痛点和真正需求。在传统思维模式下,主播更倾向于站在产品的角度,了解消费者对产品本身的需求和感受,而忽略了消费者自身情感的诉求。共情营销则很好地弥补了这一点,从消费者与主播的同一情绪出发,从而引发消费者的情感共鸣,变被动接受为主动参与。

共情营销的核心是找到消费者和产品之间的共情点,即情感诉求交叉点,可以从以下几点出发:

第一是遇到共同难题。这是主播必须常用的方法。主播应设身处地,把自己放到与消费者同等程度的状态,点出消费者所面临的难题。例如,针对头皮屑问题,很多主播一上来就说产品的优点,这样消费者没有共情,很难购买。而如果主播一开始就说自己的问题,并说明现有产品存在的缺陷,再推出其力主推荐的新产品,即纯天然植物系去屑洗发水,那么,营销效果就会好得多。

第二是共同话题。主播在直播时除了介绍产品之外,寻找共同话题是很有价值的。例如,在春节到来时,主播可以从春节如何送礼开始,可以在共同情绪下,引出要推荐的一款有机食品,通过强调这款产品的特色,说明这款产品作为礼品的恰当性,从而推动产品的购买。

第三是共同爱好。很多网络达人,本身就是某一个领域的网红,在该领域有大量的粉丝。在其进行直播营销时,可以从自身爱好开始,设定特定的场景,从而将粉丝带入特定的情绪中形成共情。例如，某马拉松高手，在圈里小有名气，在直播间他基于亲身体验介绍一款新式跑鞋，由于他具有丰富的经验，对粉丝在跑步中遇到的问题均有所了解，从这些问题出发，他与消费者实现共情，从而实现了很好的销量。

第四是共同的人生节点。人生总会有很多节点，例如高考、就业、结婚、生子、教育孩子等。很多主播会以自己的经验，从某个人生节点开始，从而形成与消费者的共情。例如，与粉丝一起分享孩子的教育经验，很容易引发共情，这样对推销一些特定的服务性产品很有帮助。

核心要点

在谈钱伤感情的时代，讲情怀能建立更加稳固的关系。通过共情，能更好地体会消费者的需求、情感，更容易找到话题点，让消费者产生信任，快速拉近与消费者的距离。

2. 在共情中提炼产品卖点

随着生活水平的不断提高，人们的需求也逐渐从物质层面向精神层面转移。当一些主播推荐的产品逐步获得大家的信任之后，他们的影响力会不断扩大，随后就会成为粉丝们所信任的KOL（关键意见领袖）。这些KOL在某个领域发表自己的观点会具有相当的影响力，能够影响一大部分人的选择。直播电商的高频互动与共情，就满足了消费者精神方面的需求。同时，这些KOL鲜明的个人特点和专业的业务能力，也被品牌方看中，于是"直播+KOL"这一带货形式应运而生。例如淘宝直播的李佳琦、薇娅，抖音平台的罗永浩等，都是各大平台的KOL。相比传统平面化的电商宣传或柜台导购,直播电商更重视与消费者的互动和联系,拥有更强烈的社交属性。对于消费者来说,主播不只是销售人员,还是客服,更是试用者,在某种程度上,还可以说是熟悉的朋友。

李佳琦作为电商主播,为什么能获得巨大的成功?除了有专业团队的运作、严格的选品、专业的背景知识和极其吸引人的销售技巧外,他能够真正站在粉丝的角度,为粉丝考虑问题,具有强大的共情能力。他每推荐一款产品,都会试用,并且告诉粉丝这款产品包含的物质有什么,适合什么样的皮肤,并且该怎么使用。在价格方面,他也会向品牌方努力争取到一个最优惠的价格,让粉丝受益。当货物被秒光的时候,李佳琦还会让团队去联系卖家,争取更多的货源。李佳琦在直播时并不是单纯"自卖自夸",他更加注重分析、对比,最重要的就是实话实说。他一直强调的是"性价比",更强调"效果",更会直言"价格高",总是从消费者角度出发,为消费者说话(见图5-22)。

图5-22 李佳琦在直播间不断试用不同品牌的口红

在一次直播过程中,出现了非常罕见的一幕:李佳琦和他的助理为了一款口红包发生了一些争执。一开始，李佳琦的助理拿出了一款奢侈口红包，李佳琦看完后称："这个就像是小时候自己做的。"助理赶忙解释道："他们家就是以手工出名。"而李佳琦并没有买账，接着回应道："这就是一些不要的皮，包包上用不了的皮做的。""不不，他们家只会用世界上最好的皮。"助理再次辩解道。李佳琦仍然不买账，说："如果买口红送这个包，我可以接受。那么，你说多少钱吧。""4 000＋。"助理说。李佳琦无奈摇摇头高呼："只能说现在钱太好赚了，简直是钱多烧的。"助理不止一次说过李佳琦"你不要太真实了"，可就是这种真实的性格，使他一直站在消费者的角度考虑问题，才使得他吸粉无数，拥有了如今的地位。

共情对于主播来说是非常重要的一种品质。一个优秀的主播能够真正站在消费者的角度去考虑问题，把自己置于消费者的位置，了解消费者的需求和消费痛点，通过专业的选品和分析，选出消费者真正需要的"物美价廉"的好产品。在直播过程中，切忌夸夸其谈，陷入自身的角色中而无法自拔；一定要时刻关注粉丝的留言、反馈，及时解决粉丝的问题，拉近自己与粉丝的距离，这样才能获得粉丝的信任，增强粉丝黏性，等下次再直播的时候，才会有更多的粉丝进入直播间，购买主播推荐的产品，形成一种良好的口碑。

核心要点

直播带货天然带有社交属性，主播不只是销售人员，更多的是充当朋友的角色，为朋友推荐好货，设身处地地为朋友考虑，此时情感就是主播强大的卖点。

第六章

直播电商的大数据逻辑

在互联网的演进过程中，无论是微软的浏览器时代、雅虎的内容时代还是谷歌的搜索时代，都只实现了人与机器之间的联通，"在网络世界里，没有人知道你是一条狗"。但在 SNS（社交网络）时代，则实现了人与人之间的联通，前面那句经典的话已经变得没有意义，因为在 Facebook 的世界里，不但人人都知道你是人是狗，还知道你是什么人或什么狗。

虽然在技术上大数据显得日趋深入和复杂，但是，大数据正在让网络营销决策变得简单和有效，营销大数据使得营销环节模型化和可计算化。

网络营销使用户的多维画像变得越来越清晰。通过对用户在线行为，甚至是离线行为进行深入分析，可以获得关于用户的海量数据，并使用数据对用户进行多维画像，以为用户提供更具有体验价值的产品。这不仅需要一时的数据，而且需要数据来源的多样化以及数据提供的可持续性。

> **核心要点**
>
> 以数据对消费者进行画像。通过对不同维度数据的整合和分析，营销决策者可以看到数据体现出来的用户价值、媒体价值、产品价值。这能够给产生和获得用户数据的产品方带来巨大的机遇。

一、何为目标受众画像

1. 什么是用户画像

（1）用户画像简介。

用户画像（user profile）是大数据技术的重要应用之一，其目标是在多维度上构建针对用户的描述性标签属性。用户画像由很多的标签组成，每个标签都规定了观察、认识、描述用户的角度。利用这些标签属性，对用户多方面的真实个人特征进行描绘勾勒，有助于描述用户相关的兴趣、特征、行为及偏好。用户画像技术对助力主播实现精准营销有重要意义，从而有助于提升直播的营销效率和市场竞争力。

通俗地说，画像就是深入了解观看直播的人都有什么样的特征、购买直播间产品的人都有什么样的特征。画像是根据个体在网络上的数据足迹，对个体特征进行描述（见图6-1）。

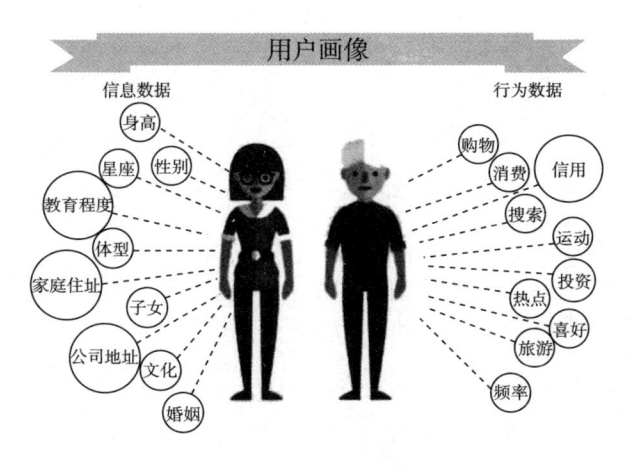

图6-1 用户画像

例如，男，35岁，已婚，有孩子，常住新一线城市，金融领域高管，月收入2.5万+，每年大约三分之一的时间是在出差，爱好体育运动，喜欢美食，偏好高档白酒。这就是对一个粉丝的基本画像。

> **核心要点**
>
> 用户画像就是建立在一系列真实数据上的目标用户模型，本质是对任何一个用户都能准确描述，个性化推荐、广告系统、活动营销、内容推荐、兴趣偏好都是基于用户画像的应用。

（2）用户标签。

从上面看到，用户画像包括多个标签。而一个标签通常是人为规定的高度精练的特征标识。如，婚姻状况标签：已婚；地域标签：新一线城市；职业标签：金融领域高管。

这些标签呈现出两个重要特征：一是语义化，人们能很方便地理解每个标签的含义；二是短文本，这是为了让机器能够更好地理解标签，并根据标签进行分类。因此，用户画像具有人机共通性。由人制定标签规则，并通过标签快速读出其中的信息，机器方便做标签提取、聚合分析。

在实际工作中，还可以对"标签属性"进行进一步的标注。

标签属性可以理解为针对标签进行的再标注。通过标签属性标注，可以帮助内部理解标签赋值的来源，进而理解指标的含义。具体而言，标签属性可以总结为5种来源：

第一，固有属性。这是指对指标的赋值体现的是用户生而有之或者事实存在的、不因外界条件或者自身认知的改变而改变的属性。比如性别、年龄、是否生育等。

第二，推导属性。这是指由其他属性推导而来的属性。比如，星座，我们可以通过用户的生日来推导；用户的品类偏好，则可以通过日常购买来推导。

第三，行为属性。这体现为产品内外实际发生的行为被记录后形成的赋值。比如用户的登录时间、页面停留时长等。

第四，态度属性。这来自用户自我表达的态度和意愿。比如，我们通过一份问卷向用户询问一些问题，并形成标签。如询问用户这样的问题：是否愿意结婚，是否喜欢某个品牌，等等。当然，在大数据的需求背景下，利用问卷收集用户标签信息的方法显得效率过低，更多的是利用产品中相关的模块收集用户态度信息。

第五，测试属性。测试属性是指来自用户的态度表达，但并不是用户直接表达的内容，而是通过分析用户的表达，结构化处理后，得出的测试结论。比如，用户填答了一系列的态度问卷，从中推导出用户的价值观类型等。

> **核心要点**
>
> 用户标签是基于用户画像，对某一类特定群体或对象的某项特征进行的抽象分类和概括，是对用户画像属性的分析和提取，包括固有属性、推导属性、行为属性、态度属性和测试属性。

2. 为什么要给用户画像

（1）互联网是用户画像兴起的重要原因。

在互联网普及之前，缺乏足够的数据，对消费者的研究一般是基于市场调研。例如，通过问卷调查的方式，询问消费者需要什么样的产品，然后研发团队根据消费者问卷调查的结果，研发出符合消费者偏好的产品，交付生产，最终进行市场营销。然而，这种方式存在着几个问题：

第一，问卷能否完全清楚地描述消费者的行为，这是值得怀疑的。例如，问卷对产品的描述是否清楚，消费者是否能够通过问卷完全理解产品，消费者有没有在问卷中真实表达自己的偏好。

第二，问卷难以挖掘消费者的潜在需求。消费者的需求是分层次的，除了表层的需求可以直接被感知之外，很多深层的需求需要商家深入挖掘，才能更好地表现出来。

有了大数据画像技术之后，可以将这个过程进一步精细化。目标受众画像，即信息标签化，就是直播团队通过收集与分析有关消费者社会属性、生活习惯、消费行为等主要信息的数据之后，完美地抽象出一个目标受众的商业全貌。大数据画像与消费者调查的一个重要区别是，画像是由数据驱动的，这在很大程度上保证了结果的客观性。消费者调查受到消费者填写问卷时的心理状态影响，并不一定完全客观。

与市场调查不同，大数据画像是根据消费者的真实消费数据，对消费者的特征进行数量化的描述，从而推断出消费者的偏好，为产品营销等提供坚实的基础。

对消费者进行画像的维度非常多。从人口属性看，包括地域、年龄、性别、文化程度、职业、收入等；从其对直播电商的使用来看，包括产品类别、活跃频率、产品喜好、产品驱动、使用习惯、产品消费等。

通过大数据画像，可以事先对直播用户的需求进行分析，根据需求进行直播内容的设计、直播风格的确定、直播产品的选择等。这样就可以避免直播团队主观想象用户需求，直播产品不能满足消费者的需求，而使直播效果大打折扣的情况。利用画像技术，可以精准选择直播产品，从而提升直播营销的效率。

> **核心要点**
>
> 　　传统营销手段不能准确刻画消费者特征。而大数据的兴起，使得现代营销可以利用数据技术精细、客观、准确地刻画用户形象。

（2）直播电商的精准营销需要用户画像。

进行直播电商用户画像，首先要从用户客观属性方面入手。对人口属性进行画像往往是直播团队无法直接完成的。很多平台提供了相应的数据包，可对用户的客观属性进行画像。

一个经典的画像被描述为：女，28岁，已婚，居住于一线城市，喜爱美妆，旅游达人，月收入2万+，喜欢个性化的手工产品。

直播团队在标签分析中，主要借助行为类大数据（而非直接的属性数据）来推演得到相应结果，例如不是基于用户身份证信息推导其性别标签。这样的方法实行起来难度大，需要更深入地理解行为，但可以避免涉及用户大量敏感信息，同时也更具有适用性。

利用这些个性化的画像数据，可以推动营销精准化。精准营销就是指在营销过程中，针对特定的目标消费者，有计划地采取一定的策略，以实现营销目标。通过精准营销，可以更好地满足用户的个性化需求，赢得更多的用户及其认可，还可以有效地降低营销成本，提升营销效果。实现精准营销的关键是准确识别目标受众，并清晰了解受众的需求、购买行为特点及自身特点等影响其购买决策的因素。

在传统的市场营销中，目标受众画像很难获取，要想准确知道目标受众的偏好、习惯、态度等影响目标受众购买行为的个人因素是十分困难的。与此同时，目标受众的偏好、习惯、态度等影响其购买行为的各种因素还不断变化的——目标受众今天的需求很可能和明天的不一样。因此，在传统的市场营销中，想做到精准营销是非常困难的。

如果借助大数据技术挖掘和解构用户特征，并搭建智能推荐系统分析产品的潜在用户，就可以实现精准营销和最优广告投放，精准投放优惠券、推送优惠活动吸引潜在用户。

如梵哲希面膜对其消费者的研究发现，其客群主要为30岁以上的女性，喜欢购买酒、奶粉、孕妇装、保健品、厨房电器、洗护清洁等产品，喜欢处于100～500元价格区间的现代艺术感壁画、30～100元价格区间的古典风格花瓶等家居用品。因此，该品牌目标客群为成熟但消费能力不高的女性。在后续的营销过程中，该品牌有针对性地强调"便宜""火速抢购"等概念，将转化率提升83%。

通过上面的分析可知，随着互联网技术的发展与大数据时代的到来，直播电商为精准营销的实现提供了可能。通过对海量数据和多维数据的综合分析，可以准确地找到目标受众，并清晰地了解目标受众,从而实现精准营销。在直播电商中,可以借助大数据了解用户购买行为、购买意向、满意度,并对其进行购买商品预测,借助数据分析得出哪类营销策略能够实现利润的最大化,从而节省营销成本。

通过聚合更多维度的用户画像,可以对用户做到更为精准的统计描述。例如,根据喜欢个性化手工作品的用户的特征,可以在直播间针对产品特点设计更精准的营销策略。又如,可以使用意向打分模型,对特定类型消费者的购买意向进行评估。如果粉丝对个性化手工作品感兴趣,那么影响他购买的因素会有哪些?直播间装饰,主播对产品特性的介绍、对个性的展示、对手工的强调等,是否能够促进其购买?总之,通过各种类型的分析,更好地提升转化率。

> **核心要点**
>
> 利用个性化的用户画像,可以实现直播电商的精准营销。具体到实际应用中,要在充分分析用户画像的基础上搭建智能推荐系统,找到最合适的精准营销策略。

二、如何为用户画像

我国直播电商用户的基本特征是什么?根据艾媒咨询的数据[①],可以对我国直播电商用户进行画像。

---

① 数据来源是艾媒数据中心,样本来源是草莓派数据调查与计算系统,样本容量为1 983个,调研时间为2020年1月22日—2月3日。

1. 当前用户画像的特征

（1）性别和年龄构成特征。

根据艾媒数据中心的数据，选择网络直播渠道进行购物的用户中，男性占比 58%，女性占比 42%，男性用户略多于女性用户（见图 6-2）。男性消费者一直被传统市场所低估，但越来越多的迹象表明，得益于中产阶级崛起、男性自我价值发现、消费升级等，"他经济"正在崛起。

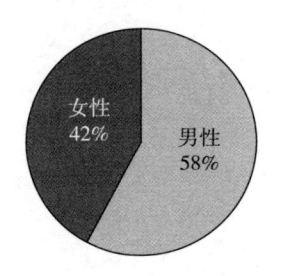

图 6-2 通过网络直播渠道购物的男女比例

21~40 岁年龄段人群是通过网络直播渠道购物的主体，占比 83%（见图 6-3）。年轻人是网络直播购物的主力，占比超过 80%。以抖音平台为例，"80 后""90 后"用户占绝对优势，"95 后"用户增速最高。

据 QuestMobile 的用户画像标签统计，处于 19~35 岁年龄段的用户是中国移动互联网购物的主力人群，占比近七成。从兴趣上看，年轻用户是直播类内容的消费主力军，在购物时更倾向于在网络中获取信息，也就更容易对电商内容"种草"。

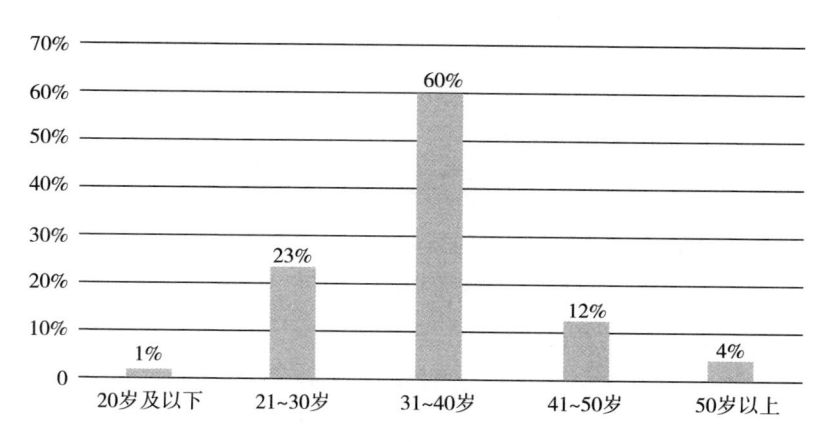

图 6-3　通过网络直播渠道购物的用户年龄分布

（2）城市分布特征。

直播电商用户主要分布在一、二线城市，二线城市占比最大，高达 42%（见图 6-4）。直播电商有利于带动二、三线及以下城市的经济发展。

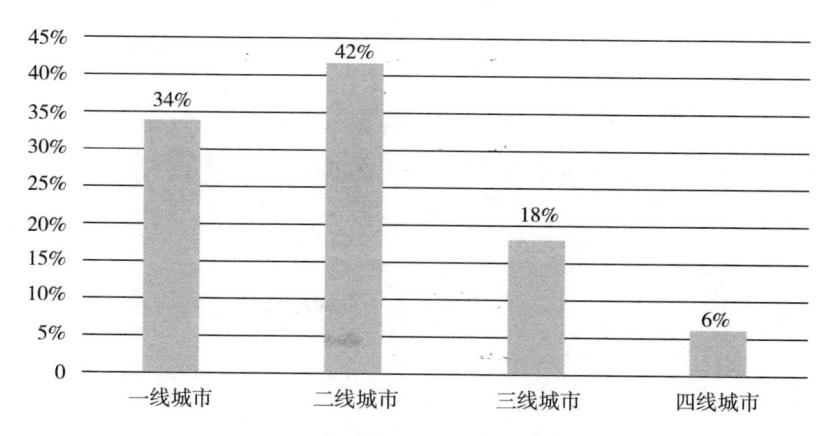

图 6-4　通过网络直播渠道购物的用户城市分布

从增长速度来看，来自抖音的数据表明，一线、新一线与四线城市直播电商用户增长最快[①]。

(3) 收入结构特征。

另据猎豹用户研究中心的调研统计,月收入越高的用户总体上越有意愿使用直播电商,月收入在5 000元以上的人群在直播电商用户中占比更高(见图6-5)。

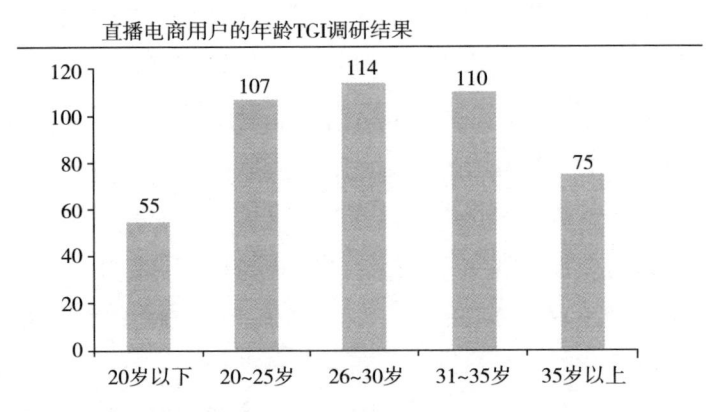

直播电商用户的年龄TGI调研结果

年龄	TGI
20岁以下	55
20~25岁	107
26~30岁	114
31~35岁	110
35岁以上	75

直播电商用户的收入TGI调研结果

收入	TGI
0.1万以下	44
0.1万~0.2万	75
0.2万~0.3万	94
0.3万~0.5万	110
0.5万~0.8万	110
0.8万~1万	126
1万~1.5万	129
1.5万以上	107

图6-5 直播电商用户的年龄与收入情况

---

① 巨量算数和抖音电商发布的《2021抖音电商生态发展报告》。

第六章 直播电商的大数据逻辑

(4) 主要电商平台的用户特征。

根据对 Growth 用户画像标签数据库的分析，从年龄结构看：淘宝用户最年轻，淘宝平台聚集了最具网购潜力的年轻群体；快手和抖音用户年龄结构比较接近。三家平台的用户年龄集中在 19～35 岁这个区间，其中淘宝的 19～35 岁用户占比高达 73.2%，而抖音、快手在该区间的用户占比接近，分别为 69.4%、67.7%（见图 6-6）。在 40 岁以上的区间中，淘宝用户占比最小，为 8.8%，抖音用户占比最大，达 12.5%。

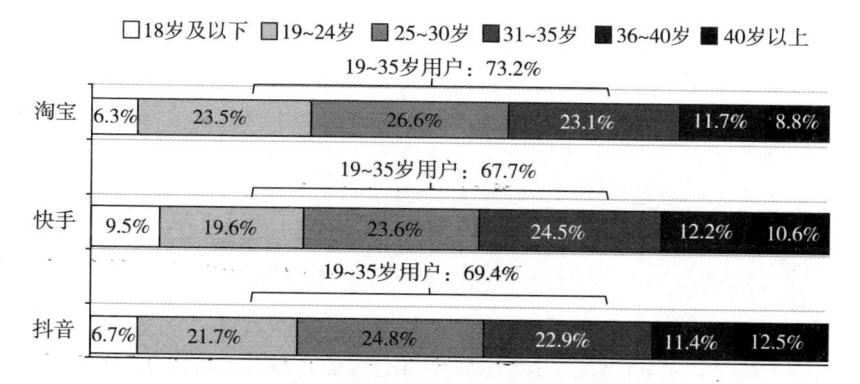

图 6-6 三大直播电商平台的年龄结构分布

注：抖音、快手数据为 2019 年 6 月的，淘宝数据为 2019 年 10 月的。

2019 年 10 月，李佳琦的微博粉丝中 19～35 岁用户占 84.1%，薇娅的微博粉丝中该用户群占 81%。通过带货网红的微博粉丝可以验证，19～35 岁的年轻人构成了网红经济的主力人群，其中女性更容易接受 KOL 直播带货，消费能力也更强（见图 6-7）。

217

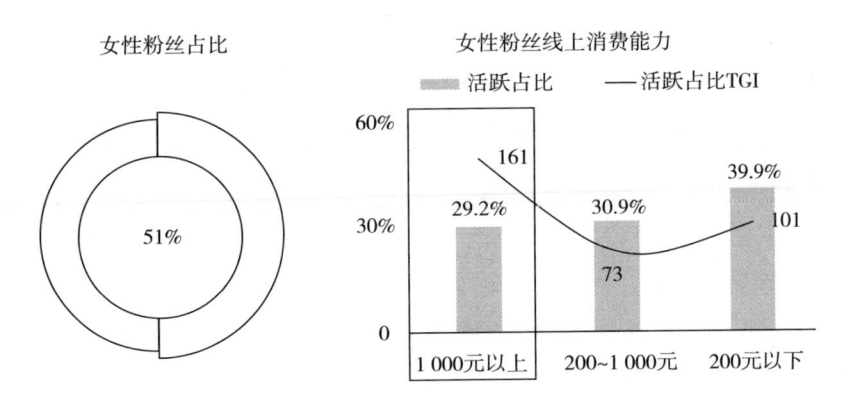

女性粉丝占比　　　　　女性粉丝线上消费能力

51%

消费区间	活跃占比	活跃占比TGI
1 000元以上	29.2%	161
200~1 000元	30.9%	73
200元以下	39.9%	101

图 6-7　快手典型带货 KOL 粉丝画像

根据对 Growth 用户画像标签数据库的分析，从用户的城际分布看：淘宝用户中分布于二线及以上城市的用户占比最高，且正快速抢占下沉市场。淘宝用户中二线及以上城市用户占到 47.5%，一线加新一线城市用户占比达到 26.3%，超过抖音、快手两个平台（见图 6-8）。

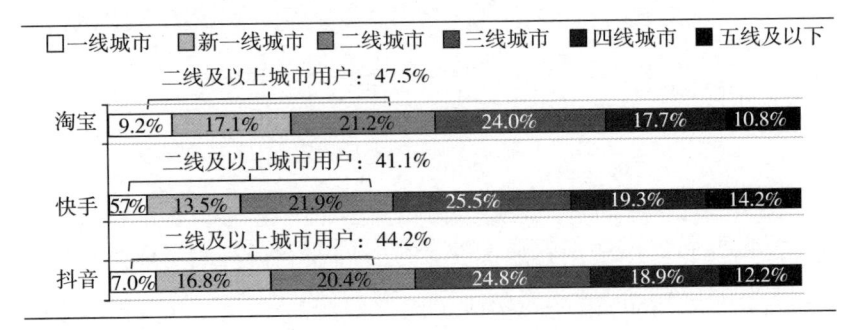

图例：□一线城市　□新一线城市　■二线城市　■三线城市　■四线城市　■五线及以下

平台	一线	新一线	二线	三线	四线	五线及以下	二线及以上城市用户
淘宝	9.2%	17.1%	21.2%	24.0%	17.7%	10.8%	47.5%
快手	5.7%	13.5%	21.9%	25.5%	19.3%	14.2%	41.1%
抖音	7.0%	16.8%	20.4%	24.8%	18.9%	12.2%	44.2%

图 6-8　三大直播电商平台的用户城际分布

注：抖音、快手数据为 2019 年 6 月的，淘宝数据为 2019 年 10 月的。

天猫 2020 年数据显示，过去两年淘宝新月活用户 2.26 亿人，其中有70%均来自下沉市场,并在下沉市场达到40%的渗透率。二线及以上城市的用户收入较高、移动支付与网购渗透率较高,在直播网购的消费能力上高于下沉用户。据中泰证券2020年2月7日公布的数据,14天内,淘宝直播场均观看人数上升43.13%,场均观看次数上升30.05%。另外,有关我国直播电商用户观看直播带货频次,可参考图6-9。

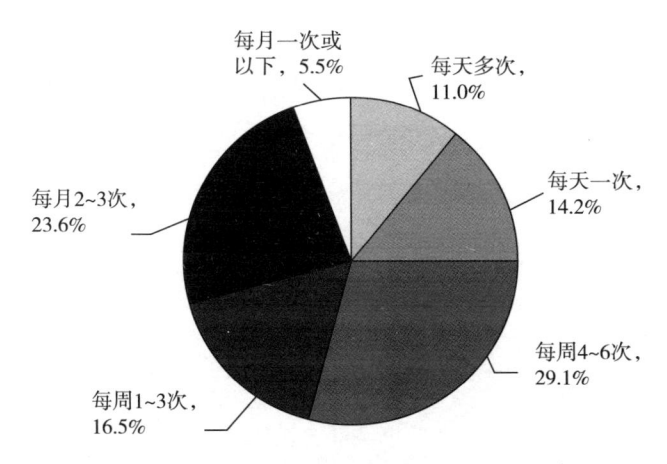

图6-9 2019年上半年我国直播电商用户观看直播带货频次

(5) 直播电商用户网购的多维画像。

第一,选择通过网络直播购物的原因。

大家选择通过网络直播购物的主要原因是商品展示更直观真实,占比高达58%;其次是采购环节更加便捷,占比达到43%;再次是优惠的价格,占比达到37%(见图6-10)。通过电商直播,对商品的介绍更加全面,并且商家能与消费者直接交流互动,解答消费者的问题,使得消费者对商品的认可度提高,故消费者会购买相应的产品。

直播的逻辑

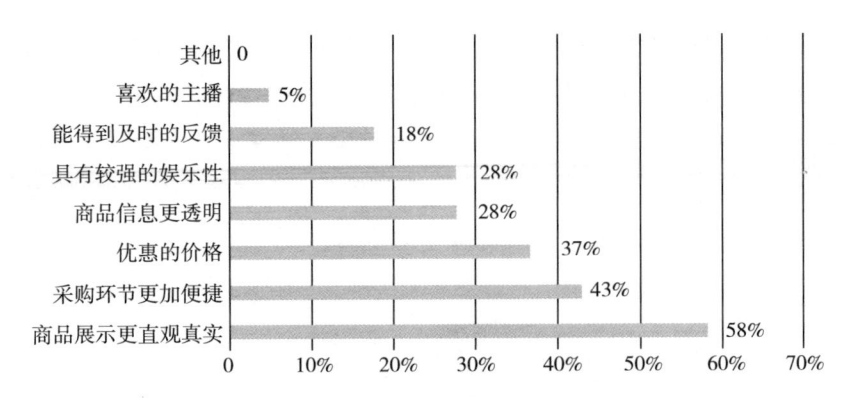

其他　0
喜欢的主播　5%
能得到及时的反馈　18%
具有较强的娱乐性　28%
商品信息更透明　28%
优惠的价格　37%
采购环节更加便捷　43%
商品展示更直观真实　58%

图 6-10　我国直播电商用户选择直播网购的原因分布

第二，直播电商涉及的品类。

通过网络直播购买的品类主要是食品饮料，比例达到 38.69%；其次是洗护用品，比例达到 34.31%；再次是家居用品，比例达到 32.12%；还有就是服饰箱包，比例达到 29.93%；排在第五的是水果生鲜，比例达到 27.01%（见图 6-11）。

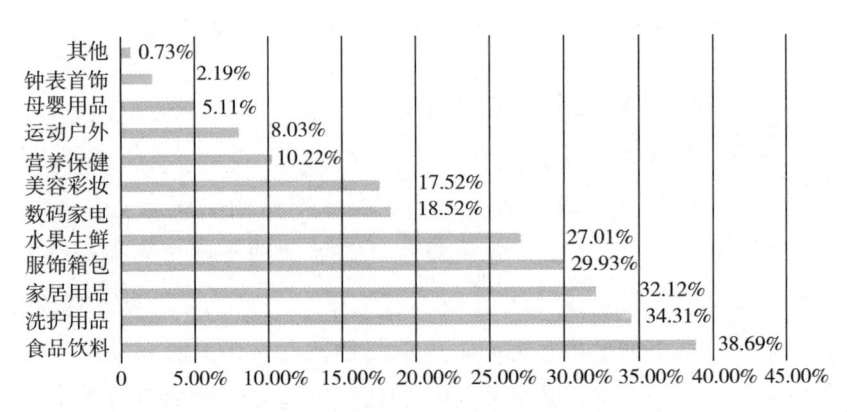

其他　0.73%
钟表首饰　2.19%
母婴用品　5.11%
运动户外　8.03%
营养保健　10.22%
美容彩妆　17.52%
数码家电　18.52%
水果生鲜　27.01%
服饰箱包　29.93%
家居用品　32.12%
洗护用品　34.31%
食品饮料　38.69%

图 6-11　我国直播电商用户网购品类分布

220

第三，直播电商的消费金额。

通过直播购物的单次消费金额主要集中在 101~500 元，占比约为 73.73%（见图 6-12）。从月均消费水平来看，月均消费 200~700 元的用户占比最高，约为 67.16%（见图 6-13）。

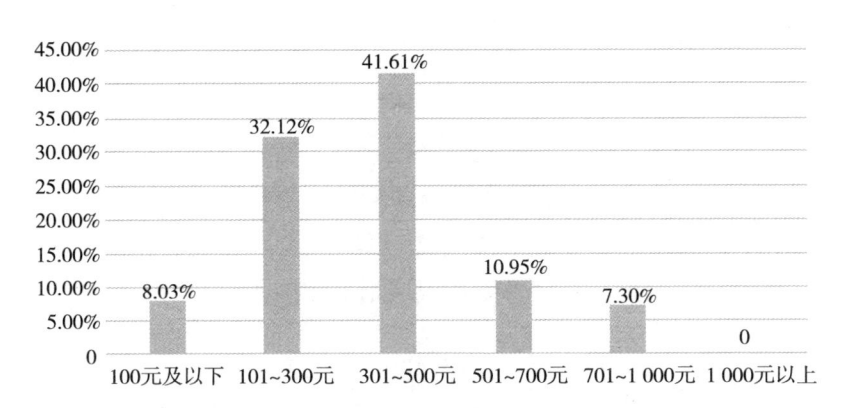

图 6-12 我国直播电商用户单次消费水平

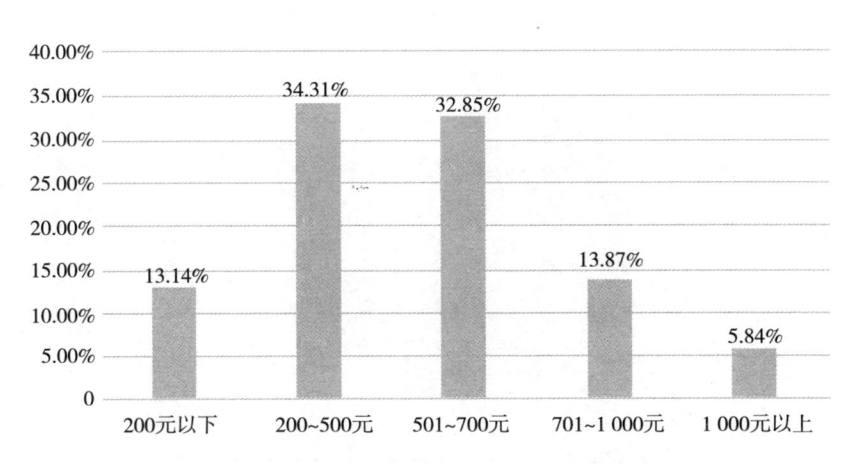

图 6-13 我国直播电商用户月均消费水平

我国直播电商用户中，取消订单或者退货的比例较高，极少取消订单或退货的用户仅占 27.01%（见图 6-14）。就退换货比例而言，普通电商和直播电商差不多（见图 6-15）。退换货影响消费者的购物体验，而直播电商在这方面的比例较高，是直播电商未来发展面临的挑战之一。

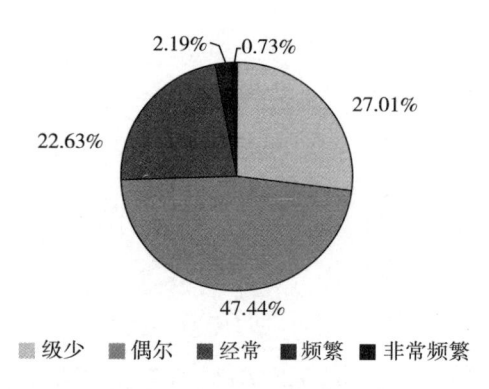

图 6-14 我国直播电商用户取消订单或退货频率

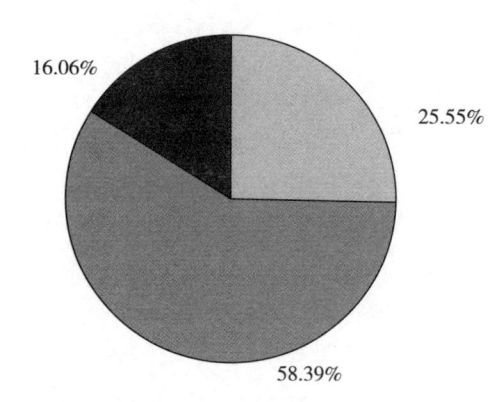

图 6-15 普通电商和直播电商用户退换货比例

在未进行直播购物的原因调查中,商品质量无法保证和售后服务没有保障是两大主要原因,占比分别为53.33%和46.67%(见图6-16)。通过直播展示商品虽然十分直观、全面,但真正发出的商品的质量却无法保证,加上退换货环节低效等,使得部分消费者不敢轻易尝试直播购物。

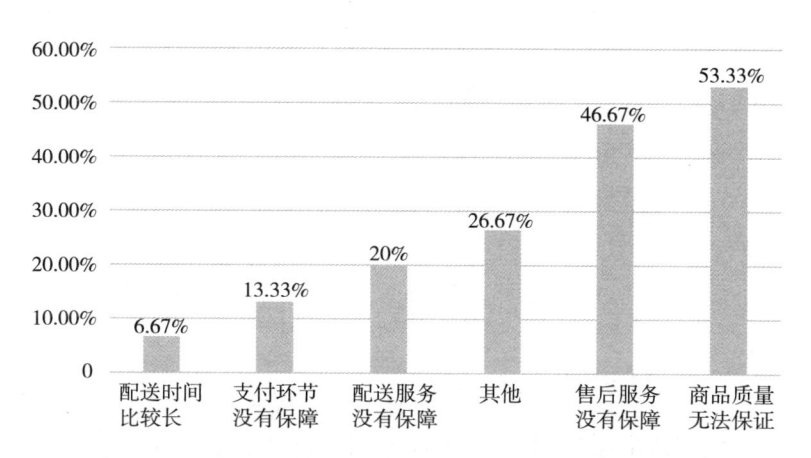

图6-16 我国直播电商用户没有购买直播产品的原因分布

> **核心要点**
>
> 了解我国直播电商的用户画像,是对当下目标顾客的深度分析和持续跟进,也可以发现一直以来所忽视的消费群体与潜在市场、直播电商模式存在的问题和未来发展趋势。

2. 目标受众画像的划分维度

直播电商可以按以下维度划分目标受众画像:

(1)用户属性类标签:性别、年龄、职业、月收入、地域、文化水平等。

（2）用户行为类标签：近30日访问次数、近30日客单价、近30日活跃天数、近30日访问时长等。

（3）用户消费类标签：收入状况、购买力水平、已购商品、购买渠道偏好、最后购买时间、购买频次消费周期。

（4）直播购物品类标签：高跟鞋、靴子、衬衫、法式连衣裙、肉脯、牛肉干、扫地机器人、智能音响等。

（5）用户社交类标签：经常活跃的时间段及地点、婚育情况、评价次数、好评度等。

（6）用户偏好类标签：运动偏好、品牌偏好、打扮偏好、颜色偏好等。

根据直播数据，就可以为每位用户贴上上述标签，从而得到目标受众画像。

我们得到目标受众画像后，基于画像信息可以进行更加精准、有针对性的营销活动和更符合目标受众画像的选品。

> **核心要点**
>
> 目标受众画像的维度可以分为：用户属性类标签、用户行为类标签、用户消费类标签、直播购物品类标签、用户社交类标签、用户偏好类标签，依靠这些标签，可以快速准确识别目标受众并采取具有针对性的营销策略。

三、用户画像的应用策略

多维度用户画像聚合起来，可以构成直播间用户的特征。直播团队利用不同的用户画像数据，能够开发出更精准的营销模式，从而留住粉丝，增加粉丝在直播间的驻留时间，并提高转化率。其实，用户画像有非常多的应用场景。

（1）调整目标受众。

目标受众是直播团队对观看直播的人（粉丝）、购买直播间商品的人（消费者）的特征的期待。例如，直播团队期待粉丝的特征为：二、三线城市年轻女性，白领，收入在当地平均线以上，偏好个性化新奇产品，容易产生冲动型购买行为等。一般情况下，在开始直播之前，直播团队都会对目标受众有一个基本的期待，对用户特征有一些勾勒。这些一般都是对用户静态人口学特征画像的描述。

但是，在经过几场直播之后，通过对直播间用户特征进行画像，可能发现直播间用户的静态人口学特征与期待的用户特征有所区别。那么，直播团队就必须对直播的选品策略、主播风格等进行反思，然后做出决策。

（2）更好地满足用户的需求。

用户画像本质上就是从直播业务角度出发，对用户进行分析，了解用户需求，寻找目标客户。粉丝及消费者人数众多、分散广泛，而他们的需求、偏好又不尽相同。粉丝及消费者的需求及偏好差异决定了市场细分的要素，洞察他们的特征，可以建立更有效的直播模式。例如，根据用户画像，可以识别多数用户的"刚需货""高频货"；可以对用户的偏好进行定量分析，即确定标签的权重，来建立智能选货模型。

在一般的网络行为用户意向画像分析中，标签权重取决于三个因素，即衰减因子（如时间等导致消费者兴趣下降的因素）、行为权重（消费者的某一行为表现能够体现其具体兴趣的程度）、网址权重（某一个特定的网址代表了消费者的兴趣程度）。简而言之：

标签权重＝衰减因子×行为权重×网址权重

例如：用户 A，昨天在李宁官网浏览一款价值 599 元的专业跑步运动鞋。

标签：运动鞋，李宁。

时间：由于用户没有当即下单，所以会有一个时间滞后。假设衰减因子为：r＝0.7。

行为类型：因为用户浏览的是官网，所以权重记为 1。

地点：官网单品页的网址子权重记为 1.0（相比天猫等网站单品页的权重，应相应下降）。

因此，可以得到用户偏好标签为：运动鞋，0.7；李宁，0.7。

对于直播电商而言，还可以根据用户进入直播间的时间、观看特定商品直播的时长、点赞的行为、对优惠券的兴趣、对直播的弹幕参与等，确定用户的偏好标签，从而更精准地做出用户需求偏好分析。

（3）实现更好的粉丝运营。

用户的行为是多维度的，对用户的画像可以从不同的维度展开，来实现对粉丝的更好运营。

一般而言，很多直播平台都提供了用户的静态人口学特征画像，这只是用户画像应用的开始。在直播实践中，可以从用户在直播间的行为维度进行用户画像，这就是动态信息分类，这个维度更为重要。这可以从两方面进行：一方面是从用户对直播内容的态度角度来对用户进行画像；另一方面是从购买行为的角度来对用户进行画像。

对直播间用户的初级分类是根据其对直播的态度来划分：根据看直播的频率，将目标人群分为重度用户、中度用户、轻度用户、边缘用户、流失用户及潜在用户六大类。具体定义如下：

- 重度用户：对本直播间的每次直播必看或几乎必看。
- 中度用户：每周看本直播间的直播超过一半。
- 轻度用户：每周看本直播间的直播一次或更少。
- 边缘用户：偶尔看本直播间的直播。
- 流失用户：以前看过本直播间的直播，但是最近一个月都没有看过。
- 潜在用户：看过与本直播间直播相似的直播。

针对这些不同的用户，在后期的粉丝维护中应该制定不同的策略。

例如，对重度用户，应增强情感沟通，推出忠诚奖励计划，增加各种荣誉性的标签，增加专属优惠券等，使其能够保持对本直播间的持续关注。同时，对重度用户，还应将其社交推广能力发挥出来，可以有针对性地提出更加优惠的拉新奖励政策等。

对中度用户，要对其感兴趣的内容进行标签化；就其感兴趣的内容，应加强后期的信息推送，尤其是精准的信息推送。同时，应该增加相应的关联分析，例如，根据其感兴趣的内容，再进行整体的内容策划，推送一些与其感兴趣的内容相关联的内容，从而提高其对直播间的忠诚度。

从购买行为视角，也可以对用户进行分类，这种分类更复杂。例如，可以从商品价格维度（包括商品总体价格和商品折扣）进行分类，也可以从商品本身特性进行分类（例如，商品的功能、外观、包装等），还可以从直播的时间等维度进行划分。

根据大数据，可以对某一用户在直播间的购买行为进行画像：喜欢购买折扣力度较大的高价格商品，喜欢功能比较新奇的商品，尤其是对一些折扣力度较大的新产品具有浓厚的兴趣。根据这些画像的成果，可以对用户采取精准的营销策略。例如，就某个品牌商品特价专场直播进行重点提示，并提醒其提前关注。

通过直播间里的用户行为，即根据用户对商品的触达模式，包括进入直播间的时间、观看特定商品直播的时间、点赞的频率、评论的频率和深度、对优惠券的兴趣等，可以对用户的购买意愿做出更为精准的定量评价。

结合用户的直播观看行为以及购买行为、观看时长、静态信息等数据等，可以得出非常丰富的结论，从而刻画出更为精准的消费者画像，能够为制定个性化的营销方案提供更多的素材。

（4）召回流失用户。

我们还可以通过目标受众画像召回流失用户。在召回流失用户之前，我们得确立一个目标。我们必须从用户的角度出发，给用户一个重新选择产品的理由。我们可以通过以下方法召回用户：

第一，短信。可批量，但一定要少发，否则会引起用户反感。

第二，邮件。低成本，可大量发送，但用户未必看。

第三，微信通知。具体效果取决于用户是否关注产品微信公众号。

第四，电话回访。成本高且无法批量操作，容易影响用户对产品的好感度。

第五，礼物召回。送用户一些纪念品，吸引用户再次注意产品。

第六，福利召回。利用现金红包、优惠券吸引用户。

第七，活动召回。具体效果取决于用户需求和活动类型及宣传渠道。

当然，我们在召回流失用户时，应根据产品的类型选择有针对性的方法，结合流失用户画像以及用户属性寻找最佳召回方案。我们还要注意召回效果、召回的方式是否有用、召回率如何。通常情况下，在发送短信后 24 小时内重新登录的流失用户均可视为被召回用户，但每个用户的行为都不一样，具体还是要根据不同场景来判断。另外，对于每种召回方式都应记录相关数据。用户的召回效果分析应包含以下内容：

·每个渠道的召回数据，例如消息发送量，点击率，用户召回数及比例。

·每个渠道的召回成本，包括每个渠道用户的单项成本以及总成本。

·总回归用户数量与每个渠道召回数量是否吻合。

·用户登录后的行为数据，据以查看用户召回后的行为，判断是否会再次流失用户。

核心要点

直播营销人员可以通过对直播间的用户画像分析提高直播带货效率，包括调整目标受众、更好地满足用户的需求、利用多维度用户画像实现更好的粉丝运营以及召回流失用户。

第七章

直播电商的法律逻辑

由于直播带货的火爆和准入门槛低,且具有广泛性和监管难度大等特点,直播带货在方便了消费者的同时,在现实中也屡屡产生虚假宣传、夸大宣传、假冒伪劣、以次充好、售后服务不完善、消费者权益难以保护、消费者取证难等问题。

直播电商本质上是一种销售活动,这种直播销售活动应受到国家相关法律法规的管控。为了保证网络环境的清净,国家出台系列法律法规并开展联合执法行动来规范网络活动,例如规范电子商务行为的《电子商务法》,营造良好网络生态的《网络信息内容生态治理规定》,国家互联网信息办公室、公安部、商务部、文化和旅游部、国家税务总局、国家市场监督管理总局、国家广播电视总局七部门联合发布的对直播电商进行较全面规范的《网络直播营销管理办法(试行)》等,以及多部门联合开展的网络直播行业专项整治和规范管理行动[①]。此外,还有不具备强制力的协会自律文件《网络直播营销行为规范》。

为了更好地开展直播电商营销,规避其中的法律陷阱,直播电商从业者有必要对直播电商涉及的各方面相关法律关系、带货商品的法律风险有所了解。

[①] 参见澎湃新闻,《八部门集中开展网络直播行业专项整治行动 强化规范管理》,https://www.thepaper.cn/newsDetail_forward_7754578。

一、法律主体

电商涉及多方主体,包括主播及背后的 MCN 机构、品牌方、品牌方的电商运营者(第三方店铺)、直播平台、电商平台等,这些主体在法律上的地位各不相同。只有明确各个主体的法律地位,才能明确直播电商的法律关系。

1. 电子商务经营者、电子商务平台经营者、平台内经营者

直播电商在本质上是一种电子商务活动,需要受到《电子商务法》等法律法规的管制。《网络直播营销管理办法(试行)》明确规定,从事网络直播营销活动,属于《电子商务法》规定的"电子商务平台经营者"或"平台内经营者"定义的市场主体,应当依法履行相应的责任和义务。

电子商务经营者,是指通过互联网等信息网络从事销售商品或者提供服务的经营活动的自然人、法人和非法人组织,包括电子商务平台经营者、平台内经营者以及通过自建网站、其他网络服务销售商品或者提供服务的电子商务经营者。直播涉及的法律主体,大多属于电子商务经营者。

电子商务平台经营者,是指在电子商务中为交易双方或者多方提供网络经营场所和交易撮合、信息发布等服务,供交易双方或者多方独立开展交易活动的法人或者非法人组织。

直播营销平台也是一种电子商务平台经营者。《网络直播营销管理办法(试行)》指出,直播营销平台是指在网络直播营销中提供直播服务的各类平台,包括互联网直播服务平台、互联网音视频服务平台、电子商务平台等。《网络直播营销管理办法(试行)》对直播营销平台的义务和责任提出了具体要求，明确规定了直播营销平台应当建立健全账号及直播营销功能注册注销、信息安全管理、营销行为规范、未成年人保护、消费者权益保护、个人信息保护、网络和数据安全管理等机制、措施。

具体而言，平台应当依法依规开展安全评估、履行备案手续、取得相关行政许可，具备维护直播内容安全的技术能力、制定平台规则公约的管理能力，相关规定要求平台制定直播营销商品和服务负面目录，认证并核验直播间运营者和直播营销人员的真实身份信息，加强网络直播营销信息内容管理、审核和实时巡查，对涉嫌违法违规的高风险营销行为采取管理措施，提供付费导流等服务需承担相应平台责任，建立健全未成年人保护机制，加强新技术、新应用、新功能上线和使用管理，建立直播间运营者账号的分级管理制度和黑名单制度，建立健全投诉、举报机制。

此外，平台还对消费者维权、依法纳税等具有协助义务。

淘宝、京东、抖音、快手等平台是为交易双方或者多方提供网络经营场所和交易撮合、信息发布等服务，供交易双方或者多方独立开展交易活动的电子商务平台经营者。

平台内经营者，是指通过电子商务平台销售商品或者提供服务的电子商务经营者。在直播电商活动中，品牌商（商家）是销售商品或者提供服务的平台内经营者。它们的活动受到《电子商务法》的约束。

通过上述定义我们可以看出，《电子商务法》将电子商务平台经营者、平台内经营者和通过自建网站、其他网络服务销售商品或者提供服务的电子商务经营者统称为电子商务经营者。但本节只对电子商务经营者、电子商务平台经营者、平台内经营者三个定义进行划分，而不区分通过自建网站、其他网络服务销售商品或者提供服务的电子商务经营者的概念，主要原因有：一是该概念相对容易掌握；二是我们在日常生活中接触得相对较少，现在人们常接触的直播电商大多来自电子商务平台经营者，观看的直播也大多是由平台内经营者提供的。因此，在此区分概念时，不再分析通过自建网站、其他网络服务销售商品或者提供服务的电子商务经营者这一概念。

举个简单的例子：商铺 A 在淘宝上开店销售商品，此时，淘宝和商铺 A 都是电子商务经营者。但淘宝作为为商铺 A 和买方提供网络经营场所和交易撮合、信息发布等服务，供商铺 A 和买方独立开展交易活动的法人，是电子商务平台经营者；商铺 A 则是在淘宝这个电子商务平台上销售其店铺商品的平台内经营者。两者从事电子商务经营活动前，都应该取得相关行政许可，否则将被依法处罚。《电子商务法》第十二条规定，电子商务经营者从事经营活动，依法需要取得相关行政许可的，应当依法取得行政许可。

《网络直播营销管理办法（试行）》提出了四类与直播相关的主体：直播营销平台、直播间运营者、直播营销人员、直播营销人员服务机构。直播营销平台是电子商务平台经营者，直播间运营者在大多数情况下属于平台内经营者。而至于直播营销人员（主播）、直播营销人员服务机构是否属于平台内经营者，《网络直播营销管理办法（试行）》并没有完全明确规定。

从消费者认知来看，消费者对主播法律地位的认知是非常模糊的。中国消费者协会 2020 年 3 月发布的《直播电商购物消费者满意度在线调查报告》显示，消费者对主播角色的认知存在争议。调查结果表明，38.5％的消费者认为主播就是经营者，30.8％的消费者认为主播不是经营者，30.7％的消费者表示并不清楚主播是何种角色。

《网络直播营销管理办法（试行）》第二十三条明确提出，直播间运营者、直播营销人员应当依法依规履行消费者权益保护责任和义务，不得故意拖延或者无正当理由拒绝消费者提出的合法合理要求。从这一条规定来看，直播营销人员（主播）应当属于平台内经营者。

从现实发展来看，大量的直播间运营者、直播营销人员（直播团队）越来越重视供应链建设，通过定制、直播间出品、自建工厂等方式，增强了对供应链的控制。从这个意义上看，直播团队及背后的MCN机构正在成为平台内经营者。

> **核心要点**
>
> 区分电子商务经营者、电子商务平台经营者、平台内经营者三个概念，明确直播电商中各方身份。从现有规范来看，有部分人认为主播不是平台内经营者。但从直播电商的发展来看，直播团队及背后的MCN机构积极参与供应链建设，正在成为平台内经营者。

2. 广告主、广告经营者、广告代言人、广告发布者

《网络直播营销管理办法（试行）》第十一条规定，直播营销平台提供付费导流等服务，对网络直播营销进行宣传、推广，构成商业广告的，应当履行广告发布者或者广告经营者的责任和义务。第十九条明确规定，直播间运营者、直播营销人员发布的直播内容构成商业广告的，应当履行广告发布者、广告经营者或者广告代言人的责任和义务。因此，直播电商需要遵守《广告法》的规定。

关于这四者的定义，《广告法》第二条有明确规定：

- 广告主，是指为推销商品或者服务，自行或者委托他人设计、制作、发布广告的自然人、法人或者其他组织。
- 广告经营者，是指接受委托提供广告设计、制作、代理服务的自然人、法人或者其他组织。
- 广告发布者，是指为广告主或者广告主委托的广告经营者发布广告的自然人、法人或者其他组织。
- 广告代言人，是指广告主以外的，在广告中以自己的名义或者形象对商品、服务作推荐、证明的自然人、法人或者其他组织。

以一个简单的例子来说，A店铺为了推销其店铺产品，委托专业设计广告的B公司为其店铺产品进行广告设计，B公司给A店铺设计的方案是：为了更好地提高店铺和产品知名度，建议A店铺邀请知名人士甲在直播中为其产品宣传带货，并将设计好的广告发在某报纸和某电视台上。

根据上述法律规定，有以下解读：

第一种情况：不管是红人、明星还是店铺直播模式，A店铺都是广告主；B公司因为接受A店铺的委托而成为广告经营者；某报纸和某电视台则是广告发布者；知名人士甲以其自身形象、粉丝效应在直播时对产品进行宣传带货，只要他不是A店铺的职员，他就是广告代言人，知名人士甲与A店铺形成了广告服务关系。

第二种情况：如果知名人士甲是A店铺的职员，那么他为用工单位生产销售的产品进行直播带货时，其行为应属职务行为。

任何一个主体，A店铺、B公司、知名人士甲、某报纸和某电视台在从事广告活动时，都受《广告法》等法律法规的约束，要诚实信用、公平竞争。因此，在直播间以直播方式发布的广告要符合《广告法》的规定，不能发布法律不允许发布的任何内容。

有些主播在发布广告时，对广告内容的真实性缺乏深入研究，在这种情况下，如果产品涉及生命健康安全，那有可能要承担连带责任，即主播及背后的 MCN 机构需要承担与产品的经营者同等的责任。《消费者权益保护法》第四十五条第三款规定，社会团体或者其他组织、个人在关系消费者生命健康商品或者服务的虚假广告或者其他虚假宣传中向消费者推荐商品或者服务，造成消费者损害的，应当与提供该商品或者服务的经营者承担连带责任。

在现有的直播电商发展形态下，主播往往是广告代言人，因此主播在进行直播带货时要注意自己的言行，在直播带货前要先了解所推销产品的质量等具体情况。在店铺自播的情况下，即广告主也是广告代言人的情况下，广告代言人同样也要对自己的产品负责。

在中国消费者协会 2020 年 3 月发布的《直播电商购物消费者满意度在线调查报告》中，有一项是消费者对直播购物全流程满意度的调查，该调查将直播购物流程划分为宣传、直播、商品、支付方式、物流、售后等关键节点。宣传环节是消费者满意度最低的环节，仅有 64.7 分。而虚假宣传是此项的重要考核指标，直播购物中存在的虚假宣传主要表现为夸大宣传和图文不一致两种行为。

> **核心要点**
>
> 区分广告主、广告经营者、广告代言人、广告发布者的定义，以明确主播作为广告代言人的责任。

3. 直播间运营者、直播营销人员

《网络直播营销管理办法（试行）》将从事直播营销活动的直播发布者细分为直播间运营者和直播营销人员。

直播间运营者，是指在直播营销平台上注册账号或者通过自建

网站等其他网络服务,开设直播间从事网络直播营销活动的个人、法人和其他组织。

直播营销人员,是指在网络直播营销中直接向社会公众开展营销的个人。

举个简单的例子,当某知名主播在为淘宝店铺进行直播时,背后的机构为直播间运营者,主播自己则是直播营销人员。虽然在定义上对直播间运营者和直播营销人员进行了区分,但是在规定其具体义务和责任时,《网络直播营销管理办法(试行)》并没有对直播间运营者和直播营销人员进行区分。该办法第三章的所有条款,大都将二者并列。其具体义务包括:

一是对未成年人的保护。现有的规定禁止未满十六岁的未成年人成为直播营销人员或者直播间运营者。《网络直播营销管理办法(试行)》第十七条规定,直播营销人员或者直播间运营者为自然人的,应当年满十六周岁;十六周岁以上的未成年人申请成为直播营销人员或者直播间运营者的,应当经监护人同意。

二是直播内容要真实、准确、全面,不得有违反《网络信息内容生态治理规定》第六条、第七条规定的行为;不得发布虚假或者引起误解的信息,欺骗、误导用户;不得营销假冒伪劣、侵犯知识产权或不符合保障人身、财产安全要求的商品等。值得注意的是,在直播过程中,有关商品的信息一定要真实、准确、全面。现在很多主播在发布相关信息时并不能做到全面完整,如被投诉,容易导致被处罚的情况出现。

三是直播场所应遵守相关规定。《网络直播营销管理办法(试行)》第二十条规定,直播营销人员不得在涉及国家安全、公共安全、影响他人及社会正常生产生活秩序的场所从事网络直播营销活动。现在有些主播在公园等场所进行直播,要注意不能妨碍他人的正常生活。而直播间本身的布置等，更要严格遵守相关规定。还有直播营销人员的着装、形象，都必须遵守相应的规定。例如，有些主播穿着过于暴露，这可能受到处罚。

四是直播过程的互动信息管理。首先，要负责对语音和视频连线、评论、弹幕等互动内容进行实时管理。其次，在管理互动信息的过程中，不得以删除、屏蔽相关不利评价等方式欺骗、误导用户。

五是要承担消费者权益保护责任。首先，要对商品和服务供应商进行核查，并留存商品和服务供应商的身份、地址、联系方式、行政许可、信用情况等相关信息。其次，对消费者提出的合理合法要求应及时回应。

六是不得有侵权行为。在虚拟形象使用和自然人声音使用方面，不得有侵权行为。主要是不得侵犯他人的肖像权，不得非法利用他人的声音等。尤其是对自然人的声音保护，很多主播在直播时需要特别注意。

核心要点

直播间运营者、直播营销人员在主体身份、直播内容、直播间布置、互动信息管理、消费者权益保护等方面，都需要严格遵守相关规定。

---

4. 直播营销人员服务机构

直播电商的快速发展，催生了大量与直播相关的服务机构，其中主要是 MCN 机构。这类机构的数量在过去的一年里有数倍的增长。《网络直播营销管理办法（试行）》将这类机构称为"直播营销人员服务机构"。根据该办法，直播营销人员服务机构，是指为直播营销人员从事网络直播营销活动提供策划、运营、经纪、培训等服务的专门机构。

由于直播营销人员服务机构的特殊性，该办法对其的规定并不是特别多，主要是强调直播间运营者、直播营销人员与直播营销人员服务机构合作开展商业合作时，必须签订书面合同；强调双方之间需要签订书面协议，其核心是双方之间的合作可能涉及诸多公共问题或者第三方权益，尤其是信息安全管理、商品质量审核、消费者权益保护等义务，这需要签订书面协议做出明确规定。

二、法律关系

1. 直播电商的主要法律关系：主播与用户的关系

主播与用户的关系是直播电商与一般电商不同的一个重要体现。在这种关系里，根据主播在供应链中的地位、主播在营销中的作用等因素，主播与用户也可能构成不同关系（见图7-1）。

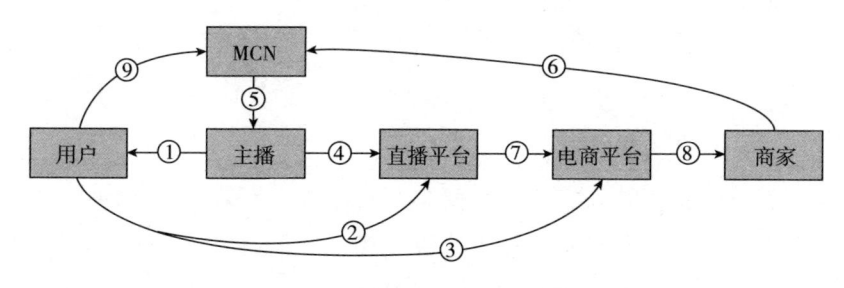

图7-1 直播电商的法律关系图

资料来源：根据网络公开资料修改完善。

第一种情形，主播与用户之间属于广告代言的关系。在主播与品牌商合作，主播根据品牌商提供的资料对产品进行宣传推介的情

241

况下，主播与用户之间的关系是一种广告代言关系。在这种情况下，主播的行为受到《广告法》的制约。

第二种情形，主播与用户之间属于买卖关系。在直播团队控制供应链，甚至以直播间出品的方式直播销售产品的情况下，直播团队相当于一个销售代理商，甚至是品牌商，直播团队与用户之间形成买卖关系。在这种情况下，主播的行为要受到《消费者权益保护法》《产品质量法》等诸多法律法规的制约。

> **核心要点**
>
> 在直播电商中，主播与用户的关系可以分为两种：一种是广告代言关系，即主播相当于一个广告代言人；另一种是买卖关系，即直播团队作为卖家向用户销售商品。这两种关系的认定，要根据直播团队对供应链的介入程度。

2. 直播电商的主要法律关系：主播与商家（品牌商）的关系

主播与商家（品牌商）之间的关系也比较复杂，在法律上没有明确规定。这可以分为几种具体情况：

（1）广告代言关系。

在这种情况下，主播应与商家（品牌商）签署相当于约定广告代言关系的合同，根据直播工作量或观看量、用户反馈等综合计取报酬。这种关系在直播电商中也有不少。

《广告法》第二条第五款规定："本法所称广告代言人，是指广告主以外的，在广告中以自己的名义或者形象对商品、服务作推荐、证明的自然人、法人或者其他组织。"这意味着KOL是否跟品牌方签订代言协议并不是成为代言人的前提，只要以自己的名义或者形象对商品、服务作推荐、证明，就有可能形成事实上的代言关系，承担《广告法》规定的广告代言人的责任。另外，需要注意的是，"导购"并不是一个法律术语。

（2）销售代理关系。

主播与商家（品牌商）签订合同，其报酬包括"坑位费＋销售提成"。这种报酬模式，显然与广告行业通用的报酬模式有着显著区别。从本质上看，主播应该是商家（品牌商）的销售代理商。

（3）买卖关系。

主播一次性买断商家（品牌商）的商品，然后在直播间销售，在这种情况下，主播与商家之间形成一种买卖关系。

（4）雇佣关系。

很多店铺会雇用一些主播对其产品进行宣传，此时主播与商家（品牌商）之间就会形成雇佣关系。

3. 直播电商的主要法律关系：主播与 MCN 机构的关系

主播与 MCN 机构之间的关系大体可以分为三种：劳动关系、劳务关系、合作关系。《网络直播营销管理办法（试行）》对主播和 MCN 机构的关系并没有做明确规定，只是要求双方签订书面协议（第二十四条）。

（1）劳动关系。

从劳动关系来看，受《劳动法》《劳动合同法》等相关法律法规调整，该法律关系发生在用人单位与自然人充当的劳动者之间。劳动关系有强烈的从属性，劳动者从属于用人单位。

通常情形下，主播的对外行为将被认定属于 MCN 机构行为，相关的法律责任由 MCN 机构承担。作为用人单位的 MCN 机构对作为劳动者的主播依法有管理及约束的权力，主播必须遵守 MCN

机构依法制定的规章制度。主播应当在MCN机构的要求及监督下完成工作，MCN机构为此向主播支付劳动报酬，且需为主播购买各种社会保险。主播有权要求最低工资保障、不超时工作、享受节假日、加班工资、补休调休等《劳动法》赋予的权利。在劳动法律关系的框架下，基本上除《劳动法》规定的权利外，主播没有太多的自主权，主播的工作时间、地点、内容、形式等多方面的内容均由MCN机构予以安排。MCN机构作为扣缴义务人，对主播所得的劳动报酬履行税款的代扣代缴义务。

（2）劳务关系。

劳务关系不受《劳动法》调整，主要受《民法典》第三编及其他相关法律调整，双方可以自行约定相应的权利义务，相较劳动关系而言，法律对此并未有很大的限制。劳务关系对主体没有特别的要求，并不要求一方具有用人单位的资格，任一方或双方都是自然人或用人单位均可。双方的主体地位平等，提供劳务服务者并不从属于接受劳务服务一方。该种法律关系下通常是MCN机构要求主播提供一定的劳务服务，在按约完成劳务服务的情况下，由MCN机构支付劳务报酬，看起来是比较纯粹的经济利益关系。

在劳务法律关系框架下，MCN机构不需要按月向主播支付劳动报酬、购买各种社会保险，所要求的工作时间不受《劳动法》限制，无须支付加班工资；主播无须受MCN机构的规章制度约束，主观能动性大，只要按约提供劳务服务成果即可。劳务关系因相对松散，对主播约束力也不大，事实上并不太适合有意做大做强的MCN机构。劳务关系比较适合从事一些辅助性、非主要核心工作的劳动对象，如设计、临时群演、保洁、安保、化妆、摄影、后期制作等。

（3）合作关系。

主播与 MCN 机构建立的法律关系很大一部分是以合作关系形式存在的。该种合作关系的内里性质可能涉及委托、行纪、居间、劳务、著作权等多种法律关系，其合同是融合了委托合同、行纪合同、服务合同等多种合同性质的综合性无名合同，并不能单纯地生搬硬套某一个有名合同予以调整。合作关系同样不受《劳动法》调整，受《民法典》第三编及其他相关法律调整。双方同样是平等的主体，双方的权利义务与劳动关系下的权利义务完全不一样，在法无禁止的前提下由双方自行约定，双方有充分的自主权。

合作关系下，MCN 机构的主要合同义务有为主播提供适合内容播放的平台资源、提供及开拓官方合作机构、提供资源及支付费用协助主播涨粉及获取流量、安排商业变现的方式及渠道、与第三方进行商业接洽及谈判、代为维护及运营相关账号、维护粉丝、策划及后期制作等台后支持、按约定分配相关收益等。而主播主要就是保持专业能力，持续有效地输出内容，按约定的时间保质保量完成直播工作，并由此获得约定收益。

合作合同的优势在于，可以全方位进行约定，受限范围较小；缺点就是对主播进行管理、约束较难。

4. 直播电商的主要法律关系：MCN 机构与商家（品牌商）的关系

MCN 机构与商家（品牌商）之间的关系，类似于主播和商家（品牌商）之间的关系，也有广告合作关系、营销代理关系、买卖关系之分。

在直播主要是以广告方式推广商品时，MCN 机构与商家（品牌商）之间就会形成广告发布、制作关系。在符合《广告法》规定的条件下，MCN机构与商家（品牌商）之间对责任的承担是不一样的。如果涉及虚假广告的情况，则MCN机构只有在明知广告内容虚假或者故意制作虚假广告的情况下，才需要承担相关法律责任。

在直播主要是销售商品时，可以认定MCN机构是商家（品牌商）的代理商，在这种情况下，MCN机构要承担的是经营者的责任。

如果MCN机构从商家（品牌商）处买断商品，再通过直播进行销售，那么MCN机构要承担的是经营者的责任。

5. 直播电商的次要法律关系：用户与直播平台的关系

用户与直播平台的关系，在当前的法律框架下，仍缺乏足够的规定。一般认为，用户与直播平台的关系属于《互联网直播服务管理规定》所规定的互联网直播服务使用者与互联网直播服务提供者的关系。

但是，由于《互联网直播服务管理规定》在2016年发布时，直播电商仍未成为一种现象级的创新业态，所以该规定主要是对泛娱乐直播的内容监管，而非针对直播电商。根据该规定，用户与直播平台之间的关系主要表现在以下几个方面：

第一是进行实名认证。第十二条规定，互联网直播服务提供者应当按照"后台实名、前台自愿"的原则，对互联网直播用户进行基于移动电话号码等方式的真实身份信息认证。

第二是签订合同。第十三条规定，互联网直播服务提供者应当与互联网直播服务使用者签订服务协议，明确双方权利义务，要求其承诺遵守法律法规和平台公约。

第三是规定了用户可以向直播平台举报直播发布者等方面的内容。

另外，《网络直播营销管理办法（试行）》规定了直播间经营者、直播营销人员对与用户互动内容的管理。

三、法律风险与陷阱

1. 直播电商不断受质疑的法律问题

2020年3月,中国消费者协会发布的《直播电商购物消费者满意度在线调查报告》显示,主播夸大和虚假宣传、将不能说明商品特性的链接挂在直播间售卖等问题让消费者最不满,快手和蘑菇街均被点名[①]。调查报告显示,从目前直播电商销售商品过程中出现的问题性质来看,主播夸大和虚假宣传、将不能说明商品特性的链接挂在直播间售卖,被提到的次数比较多。"担心商品质量没有保障"和"担心售后问题"是消费者的两大主要顾虑。部分消费者不喜欢直播电商购物,60.5%的消费者担心商品质量没有保障,44.8%的消费者担心售后问题。

2020年5月,中国消费者协会利用互联网舆情监测系统,对4月30日至5月5日期间相关消费维权类情况进行了网络大数据舆情分析,公布了《"五一"小长假消费维权舆情分析报告》,报告显示直播带货火爆,但品控、售后、发货问题屡增不减[②]。

根据《直播电商购物消费者满意度在线调查报告》,有37.3%的消费者在直播购物中遇到过消费问题,但仅有13.6%的消费者遇到问题后进行投诉,还有23.7%的消费者遇到问题并没有投诉。中国消费者协会对遇到问题未投诉的消费者进一步调查后发现,46.6%的消费者认为"损失比较小,就算了";另外,比较突出的

---

① 《中消协调查直播电商购物满意度 蘑菇街问题多被点名》,http://www.bj315.org/xxyw/xfxw/202004/t20200401_22740.shtml。

② 《直播带货问题多 中消协发布"五一"消费维权舆情分析报告》,http://www.bj315.org/xxyw/xfxw/202005/t20200513_23295.shtml。

原因有，18.1%的消费者觉得投诉处理流程可能会比较复杂或花时间；也有消费者认为投诉没有什么用①。

关于消费者遇到纠纷，对投诉渠道的调查显示，向直播平台管理者投诉和向主播或电子商务经营者投诉的比例分别高达67.4%、66.6%，向消费者协会等消费者权益保护组织、有关行政部门投诉的分别占23.8%、9.8%，向仲裁机构申请仲裁、向法院提起诉讼的分别仅占3.9%、0.6%。

目前，大家普遍认为，直播电商存在的上述问题都不是随直播电商产生而出现的新问题，而是在传统销售模式下就存在的问题。线下商店、店铺等面对面传统销售模式下也存在上述问题。甚至可以说，这些问题是随着最初商品交换的出现而出现的。直播电商，只是将销售方变为在线上宣传、销售，销售方与购买方不实际接触，购买方无法直接触碰商品做出消费选择的一种模式而已。

2. 主播有着潜在的法律风险

由于直播带货的火爆和准入门槛低，且具有广泛性、监管难度大等特点，直播带货在方便了消费者的同时，在现实中也屡屡产生虚假宣传、夸大宣传、假冒伪劣、以次充好、售后服务不完善、消费者权益难以保护、消费者取证难等问题。2020年"双十一"期间，中国消费者协会点名汪涵、李雪琴直播带货"翻车"和李佳琦直播间"买完不让换"等②。这些行为不仅对消费者权益构成损害，

---

① 《直播电商购物消费者满意度在线调查报告》，http://www.cca.org.cn/jmxf/detail/29533.html。

② 《直播带货引发的那些糟心事儿》，https://www.toutiao.com/i6904034496140542471/?tt_from=weixin&utm_campaign=client_share&wxshare_count=1&timestamp=1607683840&app=news_article&utm_source=weixin&utm_medium=toutiao_android&use_new_style=1&req_id=202012111850390101310741743 90CF9FD&group_id=6904034496140542471。

也会给主播带来法律风险。

2020年11月6日在中国消费者协会网站上发表的《网络直播销售侵害消费者权益主要表现形式及案例分析》一文指出，中国消费者协会2020年开展了"网络直播侵害消费者权益类型化研究"，在对网络直播销售行为进行深入分析的基础上，对其中侵害消费者权益的现象进行了系统性梳理和类型化研究，归纳出虚假宣传、退换货难、销售违禁产品、利用"专拍链接"误导消费者、诱导场外交易、滥用极限词、直播内容违法这七类在网络直播销售中存在的侵害消费者权益的行为。

为了保障网络环境的清净，国家出台系列法律法规和开展联合执法行动来规范网络活动。例如，规范电子商务行为的《电子商务法》、营造良好网络生态的《网络信息内容生态治理规定》等，以及多部门联合开展的网络直播行业专项整治和规范管理行动。此外，也有不具备强制力的协会自律文件《网络直播营销行为规范》。

整体来看，主播的法律风险主要有以下几种：

（1）行政处罚风险。

直播电商要严格遵守国家相关法律规定，否则容易受到主管部门的处罚。

第一，虚假宣传是主播最容易出现的问题，容易导致行政处罚风险。主播在进行直播营销时，可能会在知情或不知情的情况下，对商品的材料、功能、功效等进行虚假宣传，从而对消费者产生误导。这种情况的出现，可能是主播及其团队受到了品牌商的误导，也有可能是主播的故意行为。不论哪种情况，都违反了《反不正当竞争法》的相关规定，主播团队一方面要受到政府主管部门的处罚，另一方面还要对消费者予以赔偿。

第二，在网络直播销售中滥用极限词，也可能导致行政处罚风险。在直播实践中，很多主播为了吸引粉丝购买，会使用诸如"顶级""最佳"之类的话术，而根据《广告法》的规定，这属于违规使用极限词，可能受到相关行政处罚。《广告法》明确规定，滥用极限词的广告可能属于虚假广告。

《广告法》第五十五条规定：违反本规定，发布虚假广告的，由市场监督管理部门责令停止发布广告，责令广告主在相应范围内消除影响，处广告费用三倍以上五倍以下的罚款，广告费用无法计算或者明显偏低的，处二十万元以上一百万元以下的罚款；两年内有三次以上违法行为或者有其他严重情节的，处广告费用五倍以上十倍以下的罚款，广告费用无法计算或者明显偏低的，处一百万元以上二百万元以下的罚款，可以吊销营业执照，并由广告审查机关撤销广告审查批准文件、一年内不受理其广告审查申请。

第三，在直播间销售不符合质量标准的产品，也会受到行政处罚。《消费者权益保护法》第三十三条规定：有关行政部门在各自的职责范围内，应当定期或者不定期对经营者提供的商品和服务进行抽查检验，并及时向社会公布抽查检验结果。有关行政部门发现并认定经营者提供的商品或者服务存在缺陷，有危及人身、财产安全危险的，应当立即责令经营者采取停止销售、警示、召回、无害化处理、销毁、停止生产或者服务等措施。

《产品质量法》第五十条规定：在产品中掺杂、掺假，以假充真，以次充好，或者以不合格产品冒充合格产品的，责令停止生产、销售，没收违法生产、销售的产品，并处违法生产、销售产品货值金额百分之五十以上三倍以下的罚款；有违法所得的，并处没收违法所得；情节严重的，吊销营业执照；构成犯罪的，依法追究刑事责任。

第四，在直播间销售违禁品，可能受到行政处罚。2020年3月30日，国家市场监督管理总局通报了借直播号销售野生动物的案例。当事人谷某在没有办理营业执照、驯养繁殖许可证的情况下，在自己家承包土地上开办养殖场，由于疫情原因无法销售，便在直播平台进行宣传销售。唐山市市场监管综合执法局依据野生动物保护法等相关规定，扣押上述涉案锦鸡 13 只交由相关部门鉴定，并进行立案调查。

（2）民事赔偿风险。

主播在直播间销售产品时，如果销售假冒伪劣产品，或者销售的产品不符合相关质量要求，或者销售的产品与其在直播间所展示的产品不符，可能要对消费者承担惩罚性赔偿责任。

根据《消费者权益保护法》第五十五条的规定，若经营者提供的商品有欺诈行为，消费者可要求经营者赔偿的金额为消费者购买商品的价款的三倍；增加赔偿的金额不足五百元的，为五百元。

例如，主播许某是某平台主播。2019 年 5 月 28 日，消费者王某通过直播间购买许某私下销售的一款手机。收货后发现手机系仿冒机，明显与直播间宣称的性能不符，王某基于信任，陷入错误认识而购买，许某作为经营者实施的上述行为构成欺诈，应承担相应法律责任。后北京互联网法院一审判决许某退还王某购机款，并赔偿购机款三倍及王某维权的合理开支。

另外，对于食品，法律还有特殊的要求，即食品应符合相关质量安全标准。根据《食品安全法》第一百四十八条的规定，如果食品不符合安全标准，消费者除要求赔偿损失外，还可以向生产者或经营者要求支付价款十倍或损失三倍的赔偿金；增加赔偿的金额不足一千元的，为一千元。例如，国家市场监督管理总局调查发现，有的直播间主播销售的减肥食品非法添加了西药成分，针对这种情况，如果消费者要求，主播或其团队可能要承担十倍的赔偿责任。

（3）刑事责任风险。

主播在直播间有销售违禁品、销售不安全食品、违规销售药品等行为，均有可能导致承担刑事责任的风险。

《刑法》第一百四十三条明确规定：生产、销售不符合食品安全标准的食品，足以造成严重食物中毒事故或者其他严重食源性疾病的，处三年以下有期徒刑或者拘役，并处罚金；对人体健康造成严重危害或者有其他严重情节的，处三年以上七年以下有期徒刑，并处罚金；后果特别严重的，处七年以上有期徒刑或者无期徒刑，并处罚金或者没收财产。

综上，不管从何种角度看，关于直播电商有许多法律法规。因此，不论是商家、主播、消费者还是电子商务平台，都应该提高对直播电商所涉及的法律问题的重视，了解、学习直播电商所涉及的法律知识。电子商务平台通过加强对法律知识的学习及运用，根据现有法律规定强化自身责任，加强平台监管；商家、主播加强直播电商法律法规学习，从而保证其行为的合法性；消费者学习相关法律知识，以便在自身权益受到侵害时知道该如何维权。各方都应为打造良好的直播电商经营空间而共同努力。

核心要点

　　直播电商存在着很多法律陷阱，给平台、直播团队带来法律风险。国家相关部门正在努力全面对直播的法律问题进行规范。

四、销售一般商品的法律责任

1. 商家的法律责任

生产销售普通产品的法律责任与直播电商的各个主体都有关

系，与商家的关系尤为紧密。在电商经营过程中，商家是一个广泛的概念，并不是一个严格的法律术语。在法律上，商家应该是指《电子商务法》规定的平台内经营者。根据现实的情况，平台内经营者可能只是销售者，也可能既是生产者也是销售者。如前所述，在现有的商业模式下，直播团队及其所在的MCN机构与供应链深度合作，容易被认定为平台内经营者，即商家。

《产品质量法》第三章（第二十六至第三十九条）共计14条规定了生产者、销售者的产品质量责任和义务，第三章占据整个法规的约19%，可见《产品质量法》对生产者、销售者的产品质量责任和义务的重视。不管是生产者还是销售者，都应该对其生产、销售的产品承担责任。《产品质量法》第四条就规定，生产者、销售者依照本法规定承担产品质量责任。《消费者权益保护法》也对经营者的责任进行了规定。

（1）仅作为销售者的商家。

首先，我们主要依据《产品质量法》来分析商家的责任。

《产品质量法》第三十三条规定：销售者应当建立并执行进货检查验收制度，验明产品合格证明和其他标识。《民法典》第六百二十条规定：买受人收到标的物时应当在约定的检验期限内检验。没有约定检验期限的，应当及时检验。当然，也可以根据《民法典》第六百一十条的规定：因标的物不符合质量要求，致使不能实现合同目的的，买受人可以拒绝接受标的物或者解除合同。买受人拒绝接受标的物或者解除合同的，标的物毁损、灭失的风险由出卖人承担。

那么，商家在进行进货检验查收时，需要检查什么？主要有以下两方面内容：

➢ 产品合格证明和其他标识

这可以参考《产品质量法》第二十七条、第二十八条、第三十六条等对所有产品和一些特殊产品的标识规定。《产品质量法》第三十六条规定：销售者销售的产品的标识应当符合本法第二十七条的规定。

对产品标识的基本要求主要在《产品质量法》第二十七条规定，具体为，产品或者其包装上的标识必须真实，并符合下列要求：（一）有产品质量检验合格证明。（二）有中文标明的产品名称、生产厂厂名和厂址。（三）根据产品的特点和使用要求，需要标明产品规格、等级、所含主要成分的名称和含量的，用中文相应予以标明；需要事先让消费者知晓的，应当在外包装上标明，或者预先向消费者提供有关资料。（四）限期使用的产品，应当在显著位置清晰地标明生产日期和安全使用期或者失效日期。（五）使用不当，容易造成产品本身损坏或者可能危及人身、财产安全的产品，应当有警示标志或者中文警示说明。

关于产品标识，有一个例外，就是裸装食品及其他裸装产品。裸装食品和其他根据产品的特点难以附加标识的裸装产品，可以不附加产品标识。很多直播间销售农产品时，对标识的要求可以放低，但是，这并不能免除直播间主播对产品质量应该承担的责任。

对于特殊商品，应有特殊的标识。《产品质量法》第二十八条规定：易碎、易燃、易爆、有毒、有腐蚀性、有放射性等危险物品以及储运中不能倒置和其他有特殊要求的产品，其包装质量必须符合相应要求，依照国家有关规定作出警示标志或者中文警示说明，标明储运注意事项。比如，大家在高速公路上看到的标有特殊标志的罐装车。同时，《产品质量法》第十三条对可能危及人体健康和人身、财产安全的工业产品质量标准也进行了有无国家标准、行业标准分类时的规定。

> 产品质量

这可参考《产品质量法》第二十六条及《民法典》第五百一十、第五百一十一条关于产品质量标准的规定。《产品质量法》第二十六条规定:生产者应当对其生产的产品质量负责。产品质量应当符合下列要求:(一)不存在危及人身、财产安全的不合理的危险,有保障人体健康和人身、财产安全的国家标准、行业标准的,应当符合该标准;(二)具备产品应当具备的使用性能,但是,对产品存在使用性能的瑕疵作出说明的除外;(三)符合在产品或者其包装上注明采用的产品标准,符合以产品说明、实物样品等方式表明的质量状况。

此外,《民法典》第三编着重尊重合同双方的意思表示,第五百一十条规定,合同生效后,当事人就质量、价款或者报酬、履行地点等内容没有约定或者约定不明确的,可以协议补充;不能达成补充协议的,按照合同相关条款或者交易习惯确定。

《民法典》第五百一十一条第一项关于产品质量标准的规定具有一个适用顺序,依次是强制性国家标准履行、推荐性国家标准履行、行业标准履行;没有国家标准、行业标准的,按照通常标准或者符合合同目的的特定标准履行。比如,我们常说的高端定制产品,首先要根据双方的意思表示也就是合同来确定产品的标准:用什么材质、什么形状等。

销售者取得货物的目的是实现销售盈利,而在其销售货物前,需要确保所销售的货物符合产品质量,这也就要求商家从生产者处购买货物后要对货物采取必要的保存措施,以此来保证所销售货物的质量情况。《产品质量法》第三十四条对此也有明确规定:销售者应当采取措施,保持销售产品的质量。所以,销售者要建立并执行进货检查验收制度。

但销售者应该知道，并不是所有的产品都可以销售。有些产品是明令禁止销售的，比如枪支、弹药、毒品、假冒伪劣产品；有些产品是需要满足一定条件后才可以销售的，比如药品等。所以，销售者应该知道哪些产品不能销售、哪些产品需要满足相应条件才能销售。这些可以参见《产品质量法》第三十五条至第三十九条的相关规定。

其次，我们依据《消费者权益保护法》来分析商家的责任。

销售者如果销售产品致使消费者人身、财产安全受到侵害，消费者可以依据《消费者权益保护法》或其他相关法律法规要求销售者承担民事责任；如果销售者的行为违反了行政法，行政机关将根据销售者的行为做出责令停产停业、吊销营业执照、罚款等行政处罚；如果销售者的行为构成犯罪，将被依法追究刑事责任。

商家应保证其所销售的商品符合国家及销售合同的约定。《消费者权益保护法》第四十八条规定，经营者提供商品或者服务有下列情形之一的，除本法另有规定外，应当依照其他有关法律、法规的规定，承担民事责任：（一）商品或者服务存在缺陷的；（二）不具备商品应当具备的使用性能而出售时未作说明的；（三）不符合在商品或者其包装上注明采用的商品标准的；（四）不符合商品说明、实物样品等方式表明的质量状况的；（五）生产国家明令淘汰的商品或者销售失效、变质的商品的；（六）销售的商品数量不足的；（七）服务的内容和费用违反约定的；（八）对消费者提出的修理、重作、更换、退货、补足商品数量、退还货款和服务费用或者赔偿损失的要求，故意拖延或者无理拒绝的；（九）法律、法规规定的其他损害消费者权益的情形。

商家对消费者未尽到安全保障义务，造成消费者损害的，应当参照《消费者权益保护法》第四十九条规定承担侵权责任。《消费者权益保护法》第五十二条也规定，经营者提供商品或者服务，造成消费者财产损害的，应当依照法律规定或者当事人约定承担修理、重作、更换、退货、补足商品数量、退还货款和服务费用或者赔偿损失等民事责任。

经营者如果有欺诈行为，应按照《消费者权益保护法》第五十五条规定给予赔偿。若经营者明知商品或者服务存在缺陷，仍然向消费者提供，造成消费者或者其他受害人死亡或者健康严重损害的，受害人有权要求经营者依照本法第四十九条、第五十一条等法律规定赔偿损失，并有权要求所受损失二倍以下的惩罚性赔偿。

在直播电商发展的过程中，主播所涉及的欺诈行为很多，包括虚假宣传、夸大产品质量和功能、销售假冒伪劣产品等。例如，罗永浩直播间曾曝光号称羊毛制品的纯羊毛衫被送至专业机构检测后，结果显示"送检产品为非羊毛制品"。在这种情况下，直播间作为经营者，需要承担三倍赔偿的责任。

（2）既是生产者也是销售者的商家。

目前在直播电商中，存在着一定数量的既是店铺、主播，同时也是产品生产者的情况。针对这种情形，店铺、主播在承担上一小节提及的销售者责任的同时，还应该承担生产者的责任。

对于生产者的责任，《产品质量法》第二十九条规定：生产者不得生产国家明令淘汰的产品。第三十条规定：生产者不得伪造产地，不得伪造或者冒用他人的厂名、厂址。第三十一条规定：生产者不得伪造或者冒用认证标志等质量标志。第三十二条规定：生产者生产产品，不得掺杂、掺假，不得以假充真、以次充好，不得以不合格产品冒充合格产品。

生产者有这些行为，不但要承担民事责任、行政责任，在一定的情况下，还要承担刑事责任。

2. 电子商务平台经营者的法律责任

作为在电子商务中为交易双方或多方提供网络经营场所和交易撮合、信息发布等服务，供交易双方或多方独立开展交易活动的法人或者非法人组织，电子商务平台经营者在电子商务活动中更多的是起到监管作用。我们可以将电子商务平台看作商场。许多品牌进驻商场销售，是因为商场为其提供了场所等。当然，商场与电子商务平台还是有区别的，做这样的类比只是为了便于大家理解。

《消费者权益保护法》第四十四条规定，消费者通过网络交易平台购买商品或者接受服务，其合法权益受到损害的，可以向销售者或者服务者要求赔偿。

网络交易平台提供者不能提供销售者或者服务者的真实名称、地址和有效联系方式的，消费者也可以向网络交易平台提供者要求赔偿；网络交易平台提供者作出更有利于消费者的承诺的，应当履行承诺。网络交易平台提供者赔偿后，有权向销售者或者服务者追偿。网络交易平台提供者明知或者应知销售者或者服务者利用其平台侵害消费者合法权益，未采取必要措施的，依法与该销售者或者服务者承担连带责任。

另外，我国《电子商务法》第二十七条到第四十六条，明确规定了电子商务平台经营者的责任与义务。

（1）查证义务。

平台经营者应对平台内经营者的身份进行验证。《电子商务法》第二十七条规定，电子商务平台经营者应当要求申请进入平台销售商品或者提供服务的经营者提交其身份、地址、联系方式、行政许可等真实信息，进行核验、登记，建立登记档案，并定期核验更新。电子商务平台经营者为进入平台销售商品或者提供服务的非经营用户提供服务，应当遵守本节有关规定。

（2）注意义务。

平台经营者应对平台内经营者所提供的商品或者服务信息有所注意。《电子商务法》第二十九条规定，电子商务平台经营者发现平台内的商品或者服务信息存在违反本法第十二条、第十三条规定情形的，应当依法采取必要的处置措施，并向有关主管部门报告。也就是说，平台经营者如果发现平台内经营者无证经营、违规经营、经营伪劣产品等情况，可以直接采取必要的处置措施。《电子商务法》第三十六条进一步规定，电子商务平台经营者依据平台服务协议和交易规则对平台内经营者违反法律、法规的行为实施警示、暂停或者终止服务等措施的，应当及时公示。

（3）连带责任及其他责任。

在一般情况下，平台经营者不直接向消费者承担责任。但是，在一些特殊情况下，平台经营者要与平台内经营者一起承担责任。平台内经营者经营伪劣产品时，平台经营者有制止义务，如果未采取必要措施予以制止，可能需要承担连带责任。《电子商务法》第三十八条第一款规定，电子商务平台经营者知道或者应当知道平台内经营者销售的商品或者提供的服务不符合保障人身、财产安全的要求，或者有其他侵害消费者合法权益行为，未采取必要措施的，依法与该平台内经营者承担连带责任。

对于一些特殊产品或者服务，平台经营者有资质审查义务，如果没有进行相应的审查，或者未采取相应措施，平台经营者也要承担责任。《电子商务法》第三十八条第二款规定，对关系消费者生命健康的商品或者服务，电子商务平台经营者对平台内经营者的资质资格未尽到审核义务，或者对消费者未尽到安全保障义务，造成消费者损害的，依法承担相应的责任。

对于侵犯知识产权的情况，平台经营者有义务采取必要措施予以制止。《电子商务法》第四十二条规定，知识产权权利人认为其知识产权受到侵害的，有权通知电子商务平台经营者采取删除、屏蔽、断开链接、终止交易和服务等必要措施。通知应当包括构成侵权的初步证据。

《电子商务法》第四十五条规定，电子商务平台经营者知道或者应当知道平台内经营者侵犯知识产权的，应当采取删除、屏蔽、断开链接、终止交易和服务等必要措施；未采取必要措施的，与侵权人承担连带责任。

3. 直播团队及 MCN 机构的法律责任

直播团队及 MCN 机构对销售普通产品的法律责任，取决于直播团队与商家的法律关系。

（1）作为广告代言人、广告经营者的法律责任。

第一种情形，主播作为广告代言人，而 MCN 机构作为广告发布者。在这种情形下，直播团队及 MCN 机构主要是对广告的真实性承担责任。

主播应增强主体责任意识，遵守《广告法》第三十八条中"广告代言人在广告中对商品、服务作推荐、证明，应当依据事实，符合本法和有关法律、行政法规规定，并不得为其未使用过的商品或者未接受过的服务作推荐、证明"的规定。

主播在直播间发布的信息如果存在虚假的情形，则直播团队及 MCN 机构要承担虚假广告发布的责任，主要包括行政责任和民事责任。

从行政责任来看，主要是进行基于广告费用的处罚。《广告法》第五十五条规定：广告经营者、广告发布者明知或者应知广告虚假仍设计、制作、代理、发布的,由市场监督管理部门没收广告费用,并处广告费用三倍以上五倍以下的罚款,广告费用无法计算或者明显偏低的,处二十万元以上一百万元以下的罚款;两年内有三次以上违法行为或者有其他严重情节的,处广告费用五倍以上十倍以下的罚款,广告费用无法计算或者明显偏低的,处一百万元以上二百万元以下的罚款,并可以由有关部门暂停广告发布业务、吊销营业执照、吊销广告发布登记证件……构成犯罪的,依法追究刑事责任。

从民事责任来看,在两种情况下,广告发布者要承担责任:第一种情况是广告发布者、广告经营者明知广告虚假,这种情况下需要承担连带责任;第二种情况是不能找到广告主时,需要承担全部责任。

《广告法》第五十六条规定:违反本法规定,发布虚假广告,欺骗、误导消费者,使购买商品或者接受服务的消费者的合法权益受到损害的,由广告主依法承担民事责任。广告经营者、广告发布者不能提供广告主的真实名称、地址和有效联系方式的,消费者可以要求广告经营者、广告发布者先行赔偿。关系消费者生命健康的商品或者服务的虚假广告,造成消费者损害的,其广告经营者、广告发布者、广告代言人应当与广告主承担连带责任。前款规定以外的商品或者服务的虚假广告,造成消费者损害的,其广告经营者、广告发布者、广告代言人,明知或者应知广告虚假仍设计、制作、代理、发布或者作推荐、证明的,应当与广告主承担连带责任。

(2) 作为销售代理商的法律责任。

直播团队作为销售代理商,需要承担的责任与仅作为销售者的商家基本相同。

例如,2020年11月28日,罗永浩担任主播的"交个朋友直播间"所销售的"皮尔卡丹"品牌羊毛衫是假冒伪劣产品,在这种情况下,根据《消费者权益保护法》第五十五条规定,经营者应该按照消费者购买商品价款的三倍予以赔偿。

还有一种情形，就是直播团队买断商品进行直播营销，那么其需要承担的责任与仅作为销售者的商家完全一样。

（3）存在不正当竞争行为的法律责任。

为了维护良好的市场竞争秩序，促进经营者良性、公平竞争，国家禁止不正当竞争行为。《反不正当竞争法》第二条第二款规定，本法所称的不正当竞争行为，是指经营者在生产经营活动中，违反本法规定，扰乱市场竞争秩序，损害其他经营者或者消费者的合法权益的行为。直播电商如火如荼发展的同时也存在虚假宣传屡禁不止的情况，主要表现为组织刷单、虚假评价、虚构粉丝数量、虚构直播观看人数等，而这些虚假宣传、虚构行为都是法律所禁止的，是需要承担法律责任的。

《市场监管总局关于加强网络直播营销活动监管的指导意见》规定，依法查处不正当竞争违法行为。针对网络直播营销中虚构交易或评价、网络直播者欺骗和误导消费者等不正当竞争问题，依据《反不正当竞争法》，重点查处实施虚假或者引人误解的商业宣传、帮助其他经营者进行虚假或者引人误解的商业宣传、仿冒混淆、商业诋毁和违法有奖销售等违法行为。同时规定，要严格规范包括商品或服务营销范围、广告审查发布、保障消费者知情权和选择权等网络直播营销行为，依法查处电子商务违法行为、侵犯消费者合法权益违法行为、产品质量违法行为、侵犯知识产权违法行为、食品安全违法行为、广告违法行为、价格违法行为。

不管是店铺自播还是邀请红人、明星作为主播，主播和店铺在销售商品时一定要注意所销售的商品是否为易混淆的商品，注意销售商品是否符合法律规范，否则容易陷入纠纷并承担相应法律责任。

在直播电商中，商家为了吸引粉丝，增加观看量和销量，往往会在直播中进行抽奖活动，抽奖活动的奖品也因商家而异。如乐事集团直播时的奖品有盲盒、零食包等，女装销售店铺的奖品往往是服装配饰。商家和主播在直播间抽奖时，一定要注意，不要违反《反不正当竞争法》的规定。《反不正当竞争法》第十条规定，经营者进行有奖销售不得存在下列情形：（一）所设奖的种类、兑奖条件、奖金金额或者奖品等有奖销售信息不明确，影响兑奖；（二）采用谎称有奖或者故意让内定人员中奖的欺骗方式进行有奖销售；（三）抽奖式的有奖销售，最高奖的金额超过五万元。如果违反相关规定，要承担相应的法律责任。《反不正当竞争法》第二十二条规定，经营者违反本法第十条规定进行有奖销售的，由监督检查部门责令停止违法行为，处五万元以上五十万元以下的罚款。

五、销售特殊商品的法律责任

1. 直播团队的法律责任

对于一般食品、特殊食品、药品等商品，相关法律法规有着严格的规定，不同类型的直播电商主体应加强自身管理，严格执行销售特殊商品的相关法律规定。

（1）取得相应的许可证照并公示。

食品经营需要有相应的证照，而且必须在相应的网页上公示。直播团队在合作进行食品直播时，要对委托方的相关许可证照进行审查，并核查其是否按照规定进行公示。《网络食品安全违法行为查处办法》第十八条规定，通过第三方平台进行交易的食品生产经营者应当在其经营活动主页面显著位置公示其食品生产经营许可证。通过自建网站交易的食品生产经营者应当在其网站首页显著位置公示营业执照、食品生产经营许可证。餐饮服务提供者还应当同时公示其餐饮服务食品安全监督量化分级管理信息。相关信息应当画面清晰，容易辨识。

以下是淘宝平台两家店铺信息的截图（见图7-2、图7-3），可以看出，销售食品和销售普通产品的店铺在电子商务平台公开信息方面存在差别。销售食品的店铺列有"行业证照"信息，销售普通产品的店铺没有此信息。

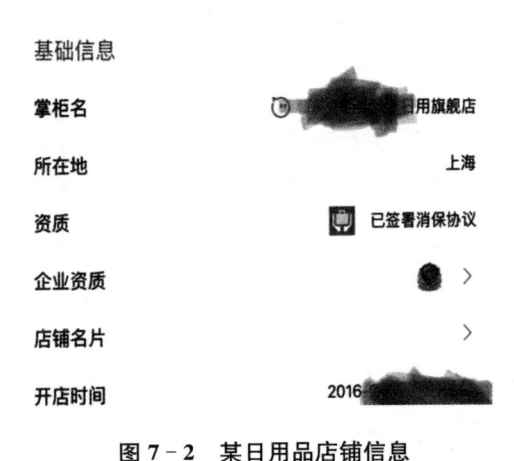

图7-2 某日用品店铺信息

图7-3 某食品店铺信息

（2）符合对特殊食品的特殊规定。

《网络食品安全违法行为查处办法》第十九条规定，入网销售保健食品、特殊医学用途配方食品、婴幼儿配方乳粉的食品生产经营者，除依照本办法第十八条的规定公示相关信息外，还应当依法公示产品注册证书或者备案凭证，持有广告审查批准文号的还应当公示广告审查批准文号，并链接至食品药品监督管理部门网站对应的数据查询页面。保健食品还应当显著标明"本品不能代替药物"。特殊医学用途配方食品中特定全营养配方食品不得进行网络交易。

对于保健食品，还要审查其是否已注册，保健食品注册证书是否在有效期内，其所使用的原料以及声称的保健功能，是否已列入行政主管部门发布的"保健食品原料目录和允许保健食品声称的保健功能目录"。

（3）审查产品的标签等是否合法。

法律对食品的标签有着特殊规定。直播团队在选择某种食品进行直播营销时，需要审查其标签是否符合相关的法律规定。具体而言，《食品安全法》第六十七条规定，预包装食品的包装上应当有标签。标签应当标明下列事项：（一）名称、规格、净含量、生产日期；（二）成分或者配料表；（三）生产者的名称、地址、联系方式；（四）保质期；（五）产品标准代号；（六）贮存条件；（七）所使用的食品添加剂在国家标准中的通用名称；（八）生产许可证编号；（九）法律、法规或者食品安全标准规定应当标明的其他事项。专供婴幼儿和其他特定人群的主辅食品，其标签还应当标明主要营养成分及其含量。食品安全国家标准对标签标注事项另有规定的，从其规定。第七十一条进一步规定，食品和食品添加剂的标签、说明书，不得含有虚假内容，不得涉及疾病预防、治疗功能。生产经营者对其提供的标签、说明书的内容负责。食品和食品添加剂的标签、说明书应当清楚、明显，生产日期、保质期等事项应当显著标注，容易辨识。

对于保健食品，《食品安全法》第七十八条规定，保健食品的标签、说明书不得涉及疾病预防、治疗功能，内容应当真实，与注册或者备案的内容相一致，载明适宜人群、不适宜人群、功效成分或者标志性成分及其含量等，并声明"本品不能代替药物"。保健食品的功能和成分应当与标签、说明书相一致。

保健食品是直播团队容易掉进去的"大坑"。对于保健食品的直播营销，主播需要在文案、用词、卖点等各个方面都特别小心。很多主播在直播销售保健食品时，会不自觉地讲述该保健食品有预防或治疗疾病的功能。这种表述方法存在着法律瑕疵，从而可能引发纠纷。因此，直播团队在制定保健食品的直播方案时，需要先请法律专家对相关文案、话术等进行审查把关，以避免不必要的法律纠纷。

例如，2020年9月，台州市公安局路桥分局通过市场监管部门获得线索：有人通过"网红"直播带货平台购买了某减肥食品，服用后产生不良反应。经查，该减肥食品没有国家批文，也没有正规标识，且含有早在10年前就被主管部门明令禁止生产、销售和使用的违禁成分西布曲明。12月，台州、路桥市区两级公安机关会同市场监管部门在浙江、安徽、河南、云南4省7地，实施统一收网行动，一举捣毁以王某宇为首的生产、销售有毒有害减肥食品的犯罪团伙，共抓获犯罪嫌疑人25名，现场查获用于生产有毒有害减肥食品的原材料2吨、成品10万余片以及制造工具，涉案金额超亿元，成品拟销往全国20多个省市。

2. 电子商务平台经营者的法律责任

（1）应符合对药品的监管要求。

我国药品销售监管实行牌照制度。按照法律规定，从事互联网药品信息服务的网站要取得《互联网药品信息服务资格证书》，如果没有取得或者超出了证书的有效使用期，将面临警告并责令停止从事该业务的处罚；对于情节严重的，行政机关将会移送有关部门，依照有关法律法规给予从事者处罚。网站在提供互联网药品信息服务时，应当在网站主页显著位置标注《互联网药品信息服务资格证书》的证书编号，以便大家查看，否则也会面临行政处罚。

《互联网药品信息服务管理办法》第五条明确规定，拟提供互联网药品信息服务的网站，应当在向国务院信息产业主管部门或者省级电信管理机构申请办理经营许可证或者办理备案手续之前，按照属地监督管理的原则，向该网站主办单位所在地省、自治区、直辖市食品药品监督管理部门提出申请，经审核同意后取得提供互联网药品信息服务的资格。第八条规定，提供互联网药品信息服务的网站，应当在其网站主页显著位置标注《互联网药品信息服务资格证书》的证书编号。

《互联网药品信息服务管理办法》第二十三条规定，不在其网站主页的显著位置标注《互联网药品信息服务资格证书》的证书编号的，国家食品药品监督管理总局或者省、自治区、直辖市食品药品监督管理部门给予警告，责令限期改正；在限定期限内拒不改正的，对提供非经营性互联网药品信息服务的网站处以500元以下罚款，对提供经营性互联网药品信息服务的网站处以500元以上1万元以下罚款。

《互联网药品信息服务管理办法》第九条规定，提供互联网药品信息服务网站所登载的药品信息必须科学、准确，必须符合国家的法律、法规和国家有关药品、医疗器械管理的相关规定。提供互联网药品信息服务的网站不得发布麻醉药品、精神药品、医疗用毒性药品、放射性药品、戒毒药品和医疗机构制剂的产品信息。

《互联网药品信息服务管理办法》第十条规定，提供互联网药品信息服务的网站发布的药品（含医疗器械）广告，必须经过食品药品监督管理部门审查批准。提供互联网药品信息服务的网站发布的药品（含医疗器械）广告要注明广告审查批准文号。

（2）应符合对食品的监管要求。

第一，网络食品交易第三方平台要建立有关食品安全的制度。对平台内食品经营者要进行登记监管，并且要具有一定的技术条件，保存交易数据和资料，以便发生纠纷时用作证据。对于没有尽到法律规定的应尽义务的情况，将依法受到行政处罚。

第二，行政部门要求网络平台保存完整的交易数据。《网络食品安全违法行为查处办法》第九条规定，网络食品交易第三方平台提供者和通过自建网站交易的食品生产经营者应当具备数据备份、故障恢复等技术条件，保障网络食品交易数据和资料的可靠性与安全性。

第三，要求平台对平台内经营者的资质进行审查。《网络食品安全违法行为查处办法》第十一条第一款规定，网络食品交易第三方平台提供者应当对入网食品生产经营者食品生产经营许可证、入网食品添加剂生产企业生产许可证等材料进行审查，如实记录并及时更新。这说明平台对入网食品经营者的许可证照有审查的义务，平台未履行审查义务的，除了承担行政责任之外，还有可能承担民事责任。

第四，平台还应保存平台内经营者的相关信息。平台未能保存平台内经营者信息的，有可能要承担民事责任。即在消费者无法找到相关平台内经营者的情况下，平台要承担先行赔付责任。

《网络食品安全违法行为查处办法》第十一条第二款规定，网络食品交易第三方平台提供者应当对入网食用农产品生产经营者营业执照、入网食品添加剂经营者营业执照以及入网交易食用农产品的个人的身份证号码、住址、联系方式等信息进行登记，如实记录并及时更新。第十二条规定，网络食品交易第三方平台提供者应当建立入网食品生产经营者档案，记录入网食品生产经营者的基本情况、食品安全管理人员等信息。

对于相关交易信息，平台还有保存的责任。《网络食品安全违法行为查处办法》第十三条规定：网络食品交易第三方平台提供者和通过自建网站交易食品的生产经营者应当记录、保存食品交易信息，保存时间不得少于产品保质期满后 6 个月；没有明确保质期的，保存时间不得少于 2 年。

第五，平台应有专门的食品安全管理机构或人员。《网络食品安全违法行为查处办法》第十四条规定，网络食品交易第三方平台提供者应当设置专门的网络食品安全管理机构或者指定专职食品安全管理人员，对平台上的食品经营行为及信息进行检查。网络食品交易第三方平台提供者发现存在食品安全违法行为的，应当及时制止，并向所在地县级食品药品监督管理部门报告。

若入网食品生产经营者有严重违法行为，应当立即对其所生产经营的食品进行下架处理。

《网络食品安全违法行为查处办法》第十五条规定，网络食品交易第三方平台提供者发现入网食品生产经营者有下列严重违法行为之一的，应当停止向其提供网络交易平台服务：（一）入网食品生产经营者因涉嫌食品安全犯罪被立案侦查或者提起公诉的；（二）入网食品生产经营者因食品安全相关犯罪被人民法院判处刑罚的；（三）入网食品生产经营者因食品安全违法行为被公安机关拘留或者给予其他治安管理处罚的；（四）入网食品生产经营者被食品药品监督管理部门依法作出吊销许可证、责令停产停业等处罚的。

后　记

　　自2013年开始,我国成为全球最大的电子商务市场。电子商务在我国风起云涌,带动我国数字经济快速发展。根据中国信通院发布的《全球数字经济白皮书——疫情冲击下的复苏新曙光》,2020年我国的数字经济规模近5.4万亿美元,居世界第二位;同比增长9.6%,增速全球第一。我国数字经济取得辉煌成就的背后,是庞大的用户规模与持续的创新。数字经济的创新,既包括技术创新,也包括商业模式、经营业态等创新。而直播电商,正是我国数字经济创新大潮中的一个经典场景。直播电商模式在我国数字经济发展中算是比较新的,人们一般都将2019年称为直播电商元年。然而,直播电商一经出现,就成为近年来增长最快的互联网商业模式创新应用。据中国互联网络信息中心提供的数据,截至2021年6月,我国网络直播用户规模达6.38亿,同比增长7 539万,占网民总数的63.1%。其中,电商直播用户规模为3.84亿,同比增长7 524万,占网民总数的38.0%。我们预计,2021年直播电商的GMV将达到2万亿元以上。

　　2020年新冠肺炎疫情发生以来,很多线下商家也选择将直播作为转型线上营销的重要突破口,这使直播电商在消费端和商家端都得到了极快的普及。在此背景下,中国市场学会短视频与数字营销专业委员会主任李勇先生和中国社会科学院财经战略研究院研究员、中国市场学会副会长李勇坚先生多次商议,计划撰写一套关于

后　记

直播电商的基础逻辑、成长实践等方面的著作。随即，由中国市场学会短视频与数字营销专业委员会组织了来自众多高校、科研院所、直播平台、MCN机构等各个方面的专家组成创作委员会，多次对本套书的框架和内容进行研讨。随后创作委员会确定了专业研发团队，开始对数十家MCN机构以及诸多主播及其团队进行走访调研，并根据调研成果，于2020年底形成了本套书的初稿。由于市场瞬息万变，监管政策不断完善，初稿完成后，研发和创作团队及时更新有关情况和数据，及时跟进和解读最新政策，对初稿进行了五次修订，并最终交付出版。

本套著作是集体智慧的结晶。具体分工如下：《直播的逻辑》一书由李勇、李勇坚、李健欣（广东金融学院副教授）、李文秀（广东金融学院教授）、李慧敏（中国移动集团信息技术中心、经济学硕士）、张萌（北京理工大学法学硕士）承担撰稿工作；由李勇、李勇坚、李健欣承担审稿工作。《成为主播》一书由李勇坚、李健欣、胥英伟（美国德州农工大学博士研究生）、樊贺丰（中国社会科学院大学硕士）、刘家志（中国社会科学院大学硕士）承担撰稿工作；由李勇、李勇坚、李健欣承担审稿工作。

在本套书写作与审定的过程中，得到了中国人民大学出版社曹沁颖主任和徐莉副总编的大力支持，编辑团队对本套书所涉及的案例、图片、文字等进行了逐一审定，提出了大量的修改意见。在此，创作委员会对他们的工作表示衷心的感谢！

本套书的研发和创作团队衷心感谢在写作过程中给予大力支持的各大直播平台、调研对象等，感谢他们拨冗接受我们的访谈，并提供了大量的一手素材。本套书的部分内容和观点在李勇坚教授的一些学术交流或会议发言中有所体现，不少专家学者、从业人员就这些内容和观点提出过许多宝贵意见，在此表示衷心的感谢！最后，本书研发和创作团队对各自家人给予的支持和理解表示衷心的感谢！

创作委员会
2021年10月

图书在版编目（CIP）数据

直播的逻辑 / 李勇等著 . --北京：中国人民大学出版社，2022.1
ISBN 978-7-300-29803-0

Ⅰ.①直… Ⅱ.①李… Ⅲ.①网络营销 Ⅳ.①F713.365.2

中国版本图书馆 CIP 数据核字（2021）第 171476 号

直播的逻辑
李　勇　李勇坚　等　著
Zhibo de Luoji

出版发行	中国人民大学出版社			
社　　址	北京中关村大街 31 号	邮政编码	100080	
电　　话	010-62511242（总编室）	010-62511770（质管部）		
	010-82501766（邮购部）	010-62514148（门市部）		
	010-62515195（发行公司）	010-62515275（盗版举报）		
网　　址	http://www.crup.com.cn			
经　　销	新华书店			
印　　刷	德富泰（唐山）印务有限公司			
开　　本	890 mm×1240 mm　1/32	版　次	2022 年 1 月第 1 版	
印　　张	9　插页 2	印　次	2023 年 12 月第 2 次印刷	
字　　数	210 000	定　价	79.00 元	

版权所有　　侵权必究　　印装差错　　负责调换